女性経営者が明かす

ラブホテルのぶっちゃけ話

阪井す　お

彩図社

はじめに

知人から「ラブホテルの経営をやってみないか」という誘いを受けたのは、私がごく普通のOLをしていた時だった。

「海に近いラブホが激安価格で競売物件として売りに出されているんだけど、どうですか。この物件なら毎日、海へ行けますよ」

それまでラブホといえば客の立場で利用することはあっても、自分が経営する側になるとは思ってもみなかった。だが、週末サーファーで、いつか海のそばで小さなサーフショップを経営したいという夢を持っていた私にとって、この言葉は魅力的だった。

「ラブホで一発当てればサーフィンの店も出せる。しかも毎日の波乗りつきなら、これは一石二鳥ではないか！」

今にして思えば非常に安易だった。親兄弟からお金をかき集めてラブホテルの経営という荒波に乗り出したわけだが、その時は荒海どころか非常におだやかな海であろうと勝手に思い込んでいたわけである。

ラブホテルを経営していると「オーナーは楽でしょ」とか「セックス産業って儲かりそうだよね」などと食いついてくる人がいる。かくいう私も最初の頃は「毎日サーフィンをしながら楽して、儲かって、ウッシッシ」という図を思い描いていた。

だが、蓋を開けてみると理想と現実は大違い。経費削減のために私もオーナー兼店長としてフロント業務から清掃に至るまで全てに携わることにしたのだが、待っていたのは欲望に忠実すぎるお客さまたちが巻き起こす、ちょっとエロくてカオスなトラブルの日々だった。

ルームサービスを届けに行くたびに「似合う〜？」と赤い紐パンで一回りしながらイチモツを見せてくるおじさん、盗撮を警戒しているのか部屋中のリモコンや装飾を破壊するカップル、階段であられもない撮影を始めてしまうＡＶの撮影隊、謎の赤いシミを残して帰っていく女性同士のお客さま……。

本能に忠実であることにかけては従業員も負けてはいない。使用後の客室を見てニヤニヤと解説を始める男性従業員、楽にきれいにできるからと言ってお客さまが使用した枕カバーでコップを拭こうとするおばちゃん、客用のビールを勝手に飲んだ上に逆切れするおじさんなど、人間はここまで奔放になれるのかと呆れを通り越して興味深いとさえ感じてしまう。

そのうえ、ラブホテルは24時間年中無休。それはつまり、私自身の休日などあって無いようなものだという事である。しかも観光地に建つラブホテルゆえ、景気悪化の影響が大きく思ったように利益が上がらない。「一発当てる」どころか、赤字、赤字の連続で頭を抱える日々である。

そんな私の脳裏に時折、あの言葉が呪文のように蘇る。

「毎日、海へいけますよ」

発狂したくなる気持ちを抑え、目の前に広がる海を横目に見ながら、お客さまが帰った後の荒波と化したシーツを剥がして新しいシーツに張り替える日々。波乗り三昧という夢は汚れたシーツの荒波にもまれて流されていくのである。

本書は、私が実際に体験した欲望渦巻くラブホテルのディープな出来事や、オーナーだからこそ知ることができた業界の裏話をまとめたものだ。華やかなネオンサイン煌《かがや》くラブホテルの、生々しい裏側をご堪能いただければ幸いである。

２０１２年12月某日

まお

女性経営者が明かす

ラブホテルのぶっちゃけ話 目次

1号室 ラブホテルはハプニングだらけ

2号室 厄介なお客さま・困った従業員

3号室

ラブホテルで見た怪しい出来事

4号室

ラブホテルの裏事情

5号室

ラブホテルにまつわる怖い話

1号室
ラブホテルはハプニングだらけ

001

彼女、寝取られ男

その日、私は16時から翌朝の10時まで、たった1人で18時間勤務をしていた。宿泊客は50代のカップルと30代のカップルの2組だけである。都心のラブホテルなら深夜帯に空部屋があるというのは珍しいかもしれない。しかし地方の、しかも季節外れの観光地で2組の宿泊客なら上出来である。

「今日も閑古鳥だけど、このまま何事もなく平和な朝を迎えられますように……」

そんな私のささやかな願いはたった1人の男の登場で粉々に打ち砕かれた。突然、駐車場の暗闇から現れた男はふらふらした足取りでフロントに向かって来ると、激しくフロントの窓を叩きながら言った。

「俺の女が他の男と来てるんだ！　迷惑はかけないから部屋に内線をつないでくれ!!」

私は心の中で「うっとうしい奴が来たなぁ」とため息をつきながらフロントの小窓を開けた。そこには短く刈り込んだ髪を金色に染め、おでこにピアス、ジーパンを腰穿きにして半ケツを出している平均的な日本人男性よりも明らかに背の低い中年男が立っていた。

男は酒臭い息を吐きながら言った。

「俺の女が来てるんだ！　あんたに迷惑はかけないから部屋に電話してくれッ！」

大声でわめいている時点で非常に迷惑である。しかも詳しい事情を説明せずにいきなり「内線をつなげ」というのだから迷惑極まりない男である。

「電話だ、電話しろ～！」

叫ぶ男に一発ゲンコツをかまして黙らせたい気持ちを抑えながら、冷静かつ無表情に応対することにした。

「お客さま、他のお客さまの迷惑になります。大声を出すのはやめてください」

「なにぃ？　迷惑だぁ？　俺の女が男とホテルへ入ったんだぞ！　俺の方が大迷惑なんだあぁぁ!!」

男は「あああぁぁあぁッ!!」と叫びながら、子供のように地団駄を踏んだ。

私は軽く目眩を覚えながら言った。

「あの……、お客さまは『俺の女』とおっしゃいますが、本当にお客さまの彼女かどうか私共にはわかりかねます。まして、お部屋への電話は緊急時以外かけられない規則ですので、お受けすることもできません」

「なぁにぃ〜?!」

男は荒く息を吐き出すと「そうか。よ〜し、わかった!」と言い、頼んでもいないのに彼女の特徴を語りだした。

「俺の女は、あれだ。背が低くて、髪が短くて、金色で……」

それは、あなたの事じゃないの?

心の中でツッコミを入れながら答えた。

「申し訳ありませんが存じません」

男は「存じません」の「存」あたりで眉間に縦皺を寄せると「あおぉおおッ!!」と叫んだ。

私は吠えている男をなだめるように言った。

「そんなに彼女の事が気になるのでしたら、ホテルの外で出てくるのを待っていてはいかがですか?　私共にはどうすることもできませんので……」

私はフロントに貼ってある「警察官立寄所」のステッカーに視線を送りながら、「ホテルの外で」の部分を強調した。「警察」の2文字に気づいた男は、消え入るような声で「……

警察はいいよ」「短い髪なんだよ」「金髪なんだよ」と泣き言を繰り返しながら出て行った。

しばらくして、やけに外が騒がしいことに気がついた。嫌な予感を抱きつつホテルの外へ様子をうかがいに行くと、先ほどの酔っ払い男が結界の中に入れない化け物のようにホテルの植え込みの周りをとぼとぼ歩きながら、常人には理解できない怪物じみた大声でわめいていた。男の声に反応して遠くの方で犬が、「うわん！　うわん!!」と鳴いている。酔っ払いも犬もやかましいことこの上ない。

あれほど「迷惑をかけるな」と忠告したにもかかわらず迷惑行為を続行中の男に本気で「警察を呼ぼうか」と思ったが、その前に問題の部屋へ電話して「困った男が来て迷惑している」という事情を説明する事にした。

本日の宿泊客は2組。迷うことなく30代カップルの方に内線を入れてみると、内線に出た彼女は電話口の向こうで大きなため息をつきながら「すみません」と謝った。ため息をつきたいのはこっちのほうである。彼女の話を聞くと酔っぱらい男は「単なる知り合い」らしい。男は「俺の女」と言っていたがなんだか微妙な温度差を感じる。まあ、私には彼氏だろうが彼女だろうがどうでもいい話だ。

ほどなく彼女と間男は室料を精算して部屋から出てきた。私は退室する2人を監視カメラで見守った。ホラー映画ばりの緊張感が漂う中、周囲の様子をうかがうようにそっと駐車場へ出る2人――すると駐車場の暗闇で待ち構えていた酔っ払いという名の赤鬼が、酔っ払いにあるまじき悪魔的な動きで間男に襲いかかった。試合開始のゴングが鳴るよりも早く、取っ組み合いの喧嘩の始まりである。

どうする？　警察を呼ぼうか？

しかし大暴れしている2人をよく見てみると、つかみ合いになっているのは微妙にホテルの敷地外である。敷地外ならどうでもいい。他人の恋路に口をはさんで逆恨みでもされたら堪らないではないか。

彼女寝取られ男と寝取った男のバトルはしばらく続いていた。

どちらに軍配があがったのかは知らないが、静寂を取り戻した現場を見に行くと、道端に男物の茶色い革靴が片っ方だけ寂しそうにぽつりと落っこちていた。

「……なんだかなぁ」

――遠くで犬が鳴いた。

002
監視カメラは見ている

私のホテルはビル型の本館の他にコテージがある。コテージは本館から離れているので「ひょっとしたら、セキュリティが甘いのでは？」と勘違いしているお客さまがいるようだが、本館だろうがコテージだろうが敷地内に一歩でも踏み込むときっちりお金を払って退室するまで従業員に監視されていることは言うまでもない。

ある日、1台の白い軽自動車がやって来た。

監視カメラで様子をうかがっていると軽自動車はコテージの脇に車を寄せ、エンジンをかけっぱなしの状態で停止した。そのまま5分が過ぎ、10分が過ぎてもお客さまが降りてくる気配がないのだ。様子を見に行くと、狭い車内で茶髪のメスと金髪のオス、若い2匹の発情人間が愛の営みB段階に突入中だった。

「おいおいおい、駐車場で金も払わずにカーセックスはまずいんじゃない?!」

このまま2人の世界を全うさせてあげたい気持ちもありはしたが、駐車場での営みにお金をいただくことはできないし、怒鳴って帰られては元も子もない。B段階からC段階へ突入する前にお部屋へ誘導するのがサービス業のプロではないか。

私はできるだけ優しく、コンコンと窓を叩きながら言った。

「お客さま、お部屋へどうぞ」

2匹の淫獣を部屋に送り届けながら、「ほとぼりが冷めた頃、また無料のカーセックスをしに来るかもしれないわね」と思ったので、念のためアルバイトへの引き継ぎ時に「○○ナンバーの軽自動車には注意せよ」と申し渡しておくことにした。

白い軽自動車はやはり1ヶ月後に現れた。しかも私が勤務している時間帯に再び現れたのである。「なんだかなぁ」と思いながら監視していると、白い軽自動車は前回とは離れたコテージの脇に車を停止させた。

5分が過ぎ、10分が過ぎ……「またか」とため息をつきながら様子を見に行くと、車内では愛の営みB~C段階に突入寸前だった。

今、まさにパンツをおろそうとしている発情犬に「ハウス!」ならぬ「部屋でッ!」と今回は少し強い口調で言うと「……わかりました」と呟きつつ、半ケツを出したままタイヤを鳴らして走り去ってしまった。

遠ざかるテールランプを見ながら「なぜ私が店番をしている時に限って変なお客さまが来るのですか」と神に尋ねたくなった。

別の日のことである。今度は白ならぬ、黒い軽自動車がコテージにやって来た。

監視していると車内から若いカップルが降りてきて、すんなりコテージに収まった。

安心したのも束の間、私はコテージのセキュリティ表示が『ドア・オープン』のままだという事に気がついた。これは部屋の扉が半ドア、もしくはきちんと閉じられていないという事である。

部屋の料金は扉を開けた瞬間から発生するので問題ないのだが、扉をきちんと閉めないと鍵がかからない。

散々楽しんだ後で鍵のかかっていない部屋からスタコラサッサとトンズラされたら堪らない。さっそく内線を入れて「ドアをきちんと閉めてください」と伝えようとした時である。

監視カメラが駐車場内の不審な動きをキャッチした。

黒い軽自動車の後部ドアがそろりそろりと開き、無人のはずの車内から韓国の軟体おじさんを思わせるくねくねした動きの男が現れたのだ。

男は獲物に音もなく近づく蛇のようにするりとコテージに近づき、施錠されていない扉から室内にぬるりと滑り込んで行った。

男が入室したのと同時にドアロックがかかったのを確認してからコテージに内線を入れた。

「お客さま、3名で利用する場合は1名分の追加料金が発生します」

電話に出た男が言った。

「何の話？　俺たち2人しかいませんよ。別の部屋と勘違いしてるんじゃないですか？」

「3名様いらっしゃいますよね？」

「2人ですよ。そういう事はちゃんと確認してから言ってよ！　なんかムカツクなぁ」

「ムカつくなぁ」という言葉にムカつきながら答えた。

「後から1名様が部屋に入ったのを監視カメラで見ていました。録画もしてありますが、どうされますか？」

男は悪びれる様子もなく言った。

「じゃ、帰るわ、こんなトコ。二度と来ねえし！」

監視カメラを設置してから、非常識な行動をする大人を見てしまう機会が増えた。

駐車場の植え込みにゴミを捨てるおばさん。立ち小便する酔っ払い。料金を踏み倒して逃げる客。冗談のようだが、ペットとおぼしき犬や猫を駐車場に捨てる奴までいる。

駐車場に生き物を捨てていく輩に比べれば、突然服を脱ぎ出す露出狂のオヤジや、覗き目的でホテルに侵入し、駐車場の柱の陰から陰へ高速移動を繰り返していた黒ずくめの忍者オヤジなど可愛いものである。

そういえば忍者オヤジと同じ種類のオヤジで、駐車場でひたすらムーンウォークを繰り返していた意味不明のオヤジもいた。

「駐車場で何してるんですか！」

オヤジに声をかけると「大丈夫ですから！」と言う。

「大丈夫じゃなくて、警察を呼びますよ」と言うと「いえ、結構ですから！」と言う。

何が「大丈夫」で「結構」なのかよくわからない。「そんな事は自分ん家でやってください。本当に警察を呼びますよ！」という事でお引き取り願った。

余談になるが監視カメラと間違われているのが「隠しカメラ」である。最近ではカメラとは思えない超小型なモノから、まったくカメラの形状をしていないモノまである。

これは出入りの電器屋さんから聞いた話なのだが、某地方都市のインターチェンジ近辺のラブホ街に30年以上も前から建っている古いホテルがある。そこのネオンサインの取替え工事に行った際に、隠し撮りされている客室の映像をオーナーから見せてもらった事があるというのだ。声の盗聴はされていなかったものの、生々しい映像はしっかり見えたと話してくれた。

私はその話を聞きながら内心、冷や汗ダラダラものだった。実はこのラブホテルは私も気に入っていて、若い頃にちょくちょく利用していたのである。私の知らないところで、私が出演している『ラブホテル盗撮物語』が世間に出回っていませんようにと願うばかりだ……。

隠しカメラとは異なるがマジックミラーの存在もあるらしい。

某ラブホに勤めていたバイトさんの話だがそのホテルにはマジックミラーの部屋があり、鏡の向こうはオーナーの部屋だったらしい。

マジックミラーの向こうで展開される客室の痴態をオーナーの知り合いに見せていたことが外部に漏れてそのラブホは潰れてしまったという話だ。

今ではホテルが盗撮や覗きに関与しているケースはないと思う。いずれも、エロ画像見放題のインターネットが一般的でなかった時代の話である。

003
AV撮影隊がやって来た

「ホテルの宣伝も兼ねて、AVの撮影に協力していただけませんか?」

突然、とあるAV制作会社から電話があった。

「平日に3部屋を12時間貸して欲しいのです。つきましてはまとめて借りる分、少し安く貸していただきたいのですが」という。

閑古鳥の鳴いている平日に3部屋貸しとはありがたい話だ。しかも12時間の長丁場というのだから悪くない話である。AVだろうがデリヘルだろうが、私は全然構わない。お金さえ払ってくれるならみなさま有難い「お客さま」である。私のホテルを撮影で使うというのだから前宣伝をしておこう。○月○日、AVの撮影を当ホテルで行います。AV女優の○○ちゃん、来店!! なんて派手に宣伝しておけばAV目当てのスケベなお客さまで満室御礼ウハウハというのもありえない話ではない。

すぐにOKの返事をした。

後日、やって来た撮影隊は総勢15名ほどの大所帯だった。

駐車スペースは撮影隊の車だけで7、8台分を集団占拠。スタッフ総出で駐車場一面に機材を並べはじめる始末である。これでは一般客の駐車の邪魔になる。

「邪魔になるから機材を早く部屋へ移動してください！」

強い口調で注意すると、今度はホテル内をスタッフが右往左往し、駐車場から移動した機材をホテルの廊下いっぱいに並べ始める始末。最初は「2階の3部屋貸し」という条件でOKを出したのだが、いつの間にか全館貸切状態になっている。AV撮影隊というのがこんなにも段取りが悪いとは思いもしなかった。

小太りでニヤニヤ笑いの責任者を引っ張ってきて「使うのは2階の3部屋だけという話だったじゃないの！」と抗議すると、「はい、はい。2階の3部屋ね」と復唱しながらスタッフに指示して機材を運び込んだ。やればできるのに、やる気がないのか、どーでもいいのか、つかみどころのない責任者である。こんな男がAVの現場をきっちり仕切ることができるのだろうか。

機材のセッティングが終了したタイミングを見計らったように女優と男優が到着した。女優は1人。男優はなんと5人いた。どんな撮影が始まるんだ?

彼らの登場でさらに2、3台分の駐車スペースが塞がったのを確認しながら「これは割増料金をたっぷりもらわなければ納得できないわね」と電卓を叩いていると、例のニヤニヤ笑いの責任者が事務所にやって来て言った。

「すいませ～ん、生理用品ありますか? 女優さんが急にアレになっちゃって……」

私もニヤニヤしながら答えた。

「それじゃ、近所のコンビニで買って来たらどうですか?」

客用として生理用品は常備しているが、この撮影隊にタダでくれてやるほど私はお人好しではない。

きっぱり断られた責任者は大声で若い男性スタッフを呼びつけると「さっさとコンビニへ行って生理用品買ってこい!!」と指示した。責任者の表情からニヤニヤ笑いが消え、両目に凶悪な光が宿っている。責任者の本性がちらりと見えた気がした。

男性スタッフは「え～、俺が生理用品買ってくるんスかぁ」とべそ顔である。

責任者は首の筋をゴキゴキ鳴らすと「聞こえねぇのか? 俺はお前に言ったんだよ。日本語聞こえてるか? ええ、コラ!!」と怒鳴った。

怒鳴られたスタッフは「……コンビニってどの辺にあるんですか？」と私に尋ねた。その目が「こんな仕事、辞めたい」と訴えているように見える。

「歩いて15分ぐらいの所にありますよ。車なら５、６分かな……」と答えると責任者が「10分以内に戻れ！」と言った。「10分で戻らねぇと、おめぇの給料はねぇぞ!!」

ダッシュで買出しに出たスタッフと入れ違いで女優の『奈々ちゃん（仮名）』と、男優軍団が事務所に現れた。奈々ちゃんの写真をホテルの宣伝用として撮ってもらう約束なのである。が、スレンダー美人な奈々ちゃんはニコリともしなければ挨拶もしない。俗に言うイヤな女の代名詞のような女だった。

写真撮影の準備を始めたスタッフに向かって奈々ちゃんが突然キレたように叫んだ。

「サンダル！」

言葉の意味がわからなかった。奈々ちゃんはもう一度大きな声で「サンダルッ!!」と叫び、男優の１人に向かって「おい、おまえ、取ってこい！」と言った。

貞子のように前髪をだらりと伸ばした男優はフリスビーを追いかける犬のようにロケ車に走り、サンダルを両手で持ってくると奈々ちゃんに差し出した。

両腕を組んだまま「履かせろよ！」と言わんばかりに無言で片足を投げ出す奈々ちゃん。

奈々ちゃんの足元にひざまずいてサンダルを履かせる男優。

つま先で男優を小突きながら怒鳴る奈々ちゃん。

「ほらほら、こっちもだろ!!」

なんともやり切れない気分。空気が重い。そして切ない。

「ねえ、彼女はSMの女王さまなの?」

私の質問に責任者がニヤニヤ笑いながら答えた。

「彼女はアイドル系の女優ですよ」

部外者1名を非常に暗い気分にさせたまま宣伝用写真撮影を終え、撮影隊の面々は何事も無かったように明るく元気にAV撮影を開始した。

3部屋という約束は完全に無視され、廊下や階段で繰り広げられるアダルト場面。口にするのも恥ずかしい撮影は延々と続き、奈々ちゃんの大きな声が2階から1階の事務所にまで聞こえてきた。

「ワンワンじゃねぇ、オギャーだろ!」

「おぎゃ〜〜っ!!」

悲しい。なんだろう、この悲しさは。あいつら、一体、何を撮ってるの?

深夜12時過ぎに撮影は終了——責任者は相変わらずのニヤニヤ笑いで「後で出来上がったDVDを送ります」と告げ、撮影隊一行も逃げるようにホテルを後にした。

2階へ上ってみると、撮影に使われた部屋の中は過去に経験したことのないほど酷い有様だった。あえて細かい描写は避けるが「もう二度とAV撮影隊に部屋は貸すまい！」と固く心に誓った。

アイドル系とは真逆の奈々ちゃんの正体を見てしまった私だが、ここはファンの夢を壊さないように『清純派のAV女優、奈々ちゃんが撮影にきたよ』とフロントの前にポスターを作って張っておいた。「奈々ちゃん来店！」を派手に前宣伝していたにもかかわらず、彼女を目的にホテルに来店したお客さまは1人もいなかった。考えてみれば名もないAV女優、奈々ちゃんレベルの女優は掃いて捨てるほどいるのだろう。

ちなみに約束のDVDだがいまだに送られてこないし、送ってくる気配もない。どこまでもいい加減な連中である。

004 チェンジは何回までOKですか？

ラブホ周辺の電柱を見てみると「熟女」「若妻」「日本人専門」などのキャッチコピーと電話番号の書かれたチラシが貼り付けられていることがある。デリヘルと呼ばれる風俗だ。

当ホテルでいえばデリヘルを利用するお客さんのほとんどが、90分〜120分という比較的短い時間での利用で、稀に週末などの宿泊があったりする。

ラブホ側もその辺の事情を心得ており90分2980円、120分3980円などという短時間のサービスタイムを設けているホテルもある。

細かく時間を区切ってサービスタイムを設ける事により、部屋の回転を良くして収益を上げる。それが効率的な利益の上げ方の1つなのである。

デリヘル遊びが好きな常連客によると、ラブホを利用するお客さんは事前にデリヘル嬢と待ち合わせて一緒に入室する場合と、男性だけが先に入室して後から女性が派遣される場合があり、料金的には一緒に入室したほうが別々に入室するよりもホテルの利用時間が短くて経済的なのだという。

懐の寂しいお客さんは待ち合わせ型を選び、財布に余裕があるお客さんや、入室、退室を別々にしたいお客さんは派遣型を選ぶという事であろう。

世の中は不景気だがスケベ産業はそれなりに儲かっているという話もデリヘル嬢に聞いた。「最高で1日いくら稼いだ事があるの？」と私が尋ねると「週末なら1日で最高15万！」と言っていたのには驚いた。

嘘か本当か確かめようもないのだが、OL1ヶ月分の給料を1日で稼ぐことも可能というのだからすごい業界である。しかしすべてのデリヘル嬢が1日15万稼げるわけではあるまい。中には「お茶ひき」といって、1日事務所で待機して1人も客がつかない文無しデリヘル嬢もいるという話だ。

デリヘルと言えば、ホテルの常連にデリヘル好きな「小林さん（仮名）」という50代のおじさんがいた。小林さんは週に1、2度ホテルを利用してくれるありがたい常連客である。しかし、私にとって小林さんはありがたい存在だが、デリヘル業者にしてみると非常に面倒くさい男だったのではあるまいかと思う。小林さんはいわゆる「チェンジ魔」なのだ。

デリヘルは、客の方から女性を指名した場合はチェンジできないが、女性の選択を業者に任せた場合はチェンジできる。

小林さんは毎回、特定の女性を指名せずに、業者に女性の選択を任せていた。お任せゆえに「私のタイプじゃない」という事で何度もチェンジを繰り返すわけだが、チェンジの回数が増えれば増えるほどホテルの滞在時間が長くなって私は儲かる。しかしデリヘル業者にしてみると時間の無駄とガソリンの無駄以外のなにものでもない。

ここで1つの疑問が私の脳裏をよぎった。女性のチェンジは何回まで可能なのか？

この日も小林さんは1人目の女性をチェンジした。

チェンジしてから30分ほど過ぎて2人目が到着したのだが、2人目もチェンジ。

2人目のチェンジから1時間が過ぎ、2時間が過ぎた。

小林さんは魚のいない池に釣り糸を垂らす釣り師のごとく、孤独な時間を辛抱強く耐えていたが、時折、部屋の電話を使ってどこかへ外線をかけていた。たぶんデリヘル業者に「早くしろ！」と催促の電話をしていたのだろう。しまいには外線だけではあきたらず、私のところへ「私の連れはまだ来ないのか？」などと内線電話が何度もかかってきた。

だったらどこかで妥協しなよ。私にデリヘルの話をされても答えようがないでしょ、という心の声を押し殺しつつ、「お連れさま、遅いですね～」などと口裏を合わせておいた。そして待つこと3時間。ついに3人目が現れた。

詳細は省こう。あえて言うなら、「ラブホのおばちゃん従業員を派遣したほうが100倍よかったのでは?」と思える方だった。

「すごいのが来たなぁ」私の心の声と同調したのかどうか知らないが、小林さんも心の底から「いやだ」と思ったのだろう。監視カメラで見ていると、2人は扉を挟んでなにやら押し問答をしていた。私が思うに、ドアの覗き穴からデリヘル嬢の姿を確認した小林さんが「4回目のチェンジ!」を希望したに違いない。しばらくすると女性がフロントにやって来て「扉を開けて欲しい」と言った。

「お客さまの許可がないと、開けることはできません」

私が断ると女性は携帯で電話を始めた。

さりげなく話を聞いていると「客が怒ってドアを開けてくれない。しかも、チェンジではなくキャンセルを要求している」旨をデリヘル業者にしていた。

チェンジ魔の小林さんにも問題はある。が、しかし3時間も待たされてやって来たのが彼女では私でもチェンジするだろう。小林さんがホテルに入室して3時間──普通なら楽しくコトが終わって帰る時間である。キャンセルされた彼女には同情するが、小林さん1人を責めるのも忍びない。

デリ嬢は電話を切った後も「プライドを傷つけられた」とばかりにしつこく「部屋へ内線をいれて欲しい」と訴えてきた。

本来なら決して客室に電話をしないところだが、いつまでも微妙な彼女にフロントに居座られては困る。しょうがないので1度だけ内線を入れることにした。しかし、小林さんは電話に出なかった。先程まで何度もしつこく内線をかけてきたのにしょうがない男である。女性は舌打ちをすると再び小林さんの部屋へ向かった。しかし、結果は同じであった。ほどなく送迎車がやって来て彼女は帰って行ったのだが、残された小林さんはどうするのだろう？ 別の女性を呼ぶのだろうか？

小林さんは精算を済ませると、何事も無かったようにホテルを後にした。その後、デリヘル遊びに飽きたのか、懲りたのかはわからないが、小林さんはホテルに来なくなってしまった。

小林さんの一件を見て、デリヘルのチェンジは2回が限度ではないかと私は思った。指名ならまだしも、業者にお任せするということは指名のつかない「お茶ひき」の娘が派遣されてくる可能性もアリということだ。

チェンジすればより良い女性が来るというわけでもないという事が、今回の一件でよくわかった。

005 団体さま、歓迎！

先に1人で入室した後で女の子を部屋へ呼ぶというのがデリヘル遊びの基本的なパターンだが、2、3人で1台の車に乗って来てお祭り騒ぎをする人たちがたまにいる。

女性の立場で見ていると、Hを目的に友人同士でラブホへ連れ立って来るという事が不思議でならない。理解できないなぁと思う反面、そんな事が出来る男同士をうらやましく思う気持ちもある。

お客さまが一度にまとめて来てくれるというのはラブホ的に非常にありがたい。実入りが多いというのもあるが、清掃が一気に片付けられるという利点もある。

「団体客が来る」という話を聞くとテンションが上がり、いつもより「いらっしゃいませ！」という声も大きくなるというものだ。

ある日の夜、取引業者の加藤設備（仮名）の社長から「近隣の温泉旅館で慰労会をやっているのだが、2次会が終わったので締めくくりにデリヘル呼びたいんだけど5人分の部屋って空いてるかな？」と電話が入った。

「一度に5部屋」と聞いて涙がこぼれそうになった。

閑古鳥の鳴いているホテルに5組の団体客である。ありがたすぎて声がひっくり返りそうになった。

「社長〜ッ、5部屋くらいドンと来いですよ！　すぐに来てください！　お待ちしてま〜す!!」

私は精一杯の感謝の気持ちを込めて『歓迎　加藤設備御一行様！』などと旅館でよく見る張り紙を作成し、入り口の自動ドアにぺたりと張っておいた。

ほどなく、1台のタクシーに乗り合わせてスケベ5人組がやって来た。5人は張り紙を見て「すげぇ〜！」「なんだか恥ずかしいなぁ〜、でへへ」などと赤い顔をさらに赤くして感激していた。しかし数秒後には社長自らしょっぱい表情で「やっぱり他の客に見られるとバツが悪いから張り紙を外してくれ」と言い出した。なんともノリの悪い連中である。ノリが悪くてもスケベな5人組はフロント奥の事務所で軽くお茶を飲んで雑談した後、それぞれの部屋に分かれてデリヘルの到着を待った。

ほどなく、送迎のワンボックスカーが現れた。鼻歌交じりに監視カメラを見ていると、送迎車から降りてきたのはたった1人のデリヘル嬢だった。

いきなり「5人来てくれ」と言われても肝心の女性が集まらなかったのかもしれない。とりあえず1人だけ派遣して後から4人やって来るという算段なのだろう。

改めてデリヘル嬢を観察すると、少々太めで年の頃は35～40歳くらい。黒目がやけに大きくお肌は艶々。屈託のない笑顔が彼女の魅力といえば魅力である。このデリヘル嬢、目元、肌艶、笑顔というパーツは非常に素晴らしい。しかしこのパーツが1つに合わさった時、そこに現れたのは『ミニラ』である。怪獣だ。

「ミニラはどの部屋へ進撃するのかな？」

興味津々で見ていると、デリ嬢は『子鹿クン』の部屋をノックした。

子鹿クンというのは加藤設備の若手である。子鹿のように華奢で小柄な20代の青年なのである。

「子鹿じゃミニラの下敷きになって押しつぶされるんじゃないの？」

動物愛護協会的な心配をしていたが、子鹿とミニラは1時間足らずで無事にコトを済ませて部屋から出てきた。

子鹿は子鹿なりに、草食動物特有の危機回避能力を発揮しながら最後まで頑張ったのだろう。なかなか、たいした子鹿である。

　しかしミニラと一戦交えた子鹿は若いだけに気恥ずかしく、私と顔を合わせるのはバツが悪かったのだろう。事務所に顔を出さずに待合室の奥に引っ込んでしまった。

「恥ずかしいなら、最初からデリヘルで遊ぶなよ」

　苦笑しながらデリヘル嬢の様子をうかがっていると、ミニラはそのまま階段を上がり、2階へ進撃を開始した。嫌な予感がする。彼女は1人で全員とガチンコ勝負する気なのだろうか。残り4部屋のうちの1部屋のドアをノックした瞬間――私のなすべき事が決定した。

「まずは、子鹿に厳しい世の中の現実を教えてあげねばなるまい」

　私は待合室の奥で小さくなっている子鹿の肩を叩きながら言った。

「君たち5人は、これから兄弟になるんだよ」

　子鹿を事務所に引っ張り込んで事の次第を告げると、ショックを受けた青年はそのまま無言で監視モニターを凝視した。

　やがて2人目が精算。

　部屋から出てきたミニラは、3人目の部屋をノックして入室した。

　2組の兄弟が成立した事実を受け入れた子鹿は顔色を取り戻し、戻ってきた2人目の同僚を異母兄弟のごとく迎え入れ、楽しそうに事の顛末を語り始めた。

子鹿からスタートしたガチンコ勝負も3人目、4人目のバトルが終了し、「あと1人か……」と、誰かがつぶやいた。

誰もが最後の兄弟を温かい心で事務所に迎え入れる準備をしていた時、ミニラは最後の部屋の前からくるりとUターンすると、送迎車に乗って帰って行った。

「何が起こったのだろう」

5人目の部屋に内線を入れると、最後のチャレンジャーはろれつの回らない声で「酔っ払ってすっかり寝込んでしまった」と言った。

その瞬間、私の心の中で高らかに試合終了のゴングが鳴った。

4人は仲良く兄弟となり、最後の1人は何もすることなく、ただ部屋代を支払って帰って行ったわけである。

『歓迎　加藤設備御一行様』の一夜は、こうして終わった。

006 芸術家、登場

とある夏の昼下がり――ボディの横に幅15センチほどの花柄模様のシールを一直線に貼った不思議色のセダンがやって来た。

助手席から降りてきたのは、30歳前後で大人しそうな感じの女性である。次いで降りてきた男性は推定50歳。長身でがっしりした体格、腰まで伸ばした黒髪をひとつに束ね、濃いあご髭を生やし、季節外れの羽織袴に雪駄を履いた一昔前の『芸術家的風貌の超和風なオヤジ』だった。

「すごい男が来たわね！」

フロントで無意識のうちに心の声が口から飛び出してしまった。軽く目眩がしたので常備薬のバファリンを飲んでいると先の男性から内線が入った。

「できるだけ大きなバイブレーターをください！」

ご所望の、長さ30センチはあろうかと思われるバイブを持って行くと、扉の奥から女性のすすり泣くような声が聞こえてきた。もしや……おもちゃの到着を待ちきれずに始まってしまったのかな、などと考えながらフロントに戻ると再び内線電話がかかってきた。

「……助けてください。彼が暴力を振るうのです」

今度は女性だった。

「……彼がお風呂に入っている隙に、こっそり電話しているのです」

男が暴力を振るうという言葉を聞き、長い黒髪を振り乱しながら大型バイブを片手に襲い掛かってくる図を想像した。これはさすがに怖い。だが、所詮は他人事である。

「……どうしましょう?」という女性の問いに、「私の方こそ、どうしましょう?」と言いたくなった。

「それじゃ、そういうことで……」と電話を切ろうと思ったが、それではあまりにも酷である。しょうがないので「部屋の自動ロックを外しておくので、何かあったら逃げて下さい」と言っておいた。

しかし、待てど暮らせど、女性が部屋から逃げて来る気配はなかった。

「なんだかんだ言いながら、よろしくやってるのね」

自分たちの変態振りを他人様に見て欲しいというお客さんは結構いる。このお客さまもその部類なのだろうと自分自身を納得させる事にした。

その後、女性からの内線は入らなかったが、男性からは度々内線が入った。

「トイレのカバーが非常に素敵な絵なのだが、誰の作品かね？」

「風呂のタイルに描かれた素晴らしい芸術作品は誰が描いたのか教えてほしい！」

意味不明の質問責めである。男性の口調は決して暴力的ではない。しかし質問の内容が今ひとつピンとこないものばかりで、ある意味これは言葉の暴力ではないだろうか。これがSM界で言うところの「言葉責め」という行為なのかもしれない。

彼が電話口で言う「素敵なカバー」や「素晴らしいタイル絵」というのはホームセンター辺りで普通に売っている大量生産品である。「作者を知りたい」と聞かれても答えに詰まってしまうものばかりだ。と、いうより作者を知ってどうしたいのという疑問が頭をよぎる。

「私にはわかりかねます」という事で納得していただいたが、彼は女性を困らせて興奮するタイプなのだろうか。そう考えると、さすが芸術家である。

数時間後、料金を精算した2人がフロントにやって来た。

女性は何事も無かったようにすました顔で車へ向い、男性は「本日はたいへんお世話になりました」と言うや、お世辞にも達筆とは言えぬ毛筆で『御礼』と書かれているのし袋を

「どうぞ!」と差し出してきた。

のし袋を見た瞬間、何か嫌な予感がした。

昔はシーツなどを汚したお客さんが「クリーニング代」と称して1000円札を枕の下や灰皿の下に置いていったものである。

昨今、部屋を汚したり備品を壊して迷惑代を置いていくお客さまは非常に少ないのだが、わざわざのし袋を差し出すくらいだから何かやらかしたのかもしれない。

長い髪を風になびかせて颯爽と去ってゆく男性。しかし自慢の長髪は保湿不足のダメージヘアなのだろうか、つやつや感が無い。私はトリートメント不足の後ろ姿を見送りながら、のし袋をガサガサと引きちぎった。

「何はともあれ、中身は最低でも1000円よね。ひょっとすると5000円かも」

期待に胸が膨らむばかりだ。確認すると――のし袋の中には、板垣退助の100円札が一枚入っていた。

芸術家のやることはよくわからん。しかし、古いお札だけにプレミアがついているかもしれない。インターネットで調べてみると「100円札は額面通りの100円です。銀行窓口へお持込みいただければ手数料なしで現在の100円玉と交換してもらうことができます」と書かれていた。

007 グラビア撮影隊も来るっ！

「ヌード撮影をしたいので、部屋を貸してほしい」

ある日、1本の電話がかかってきた。ヌード撮影という事で返事を濁していると「ヌードと言っても過激なAVの撮影ではなく、単体のグラビア撮影です」と言う。それを聞いて少しだけ安心した。グラビア撮影なら大丈夫だろう。

「事前に、撮影に適した部屋があるかどうか見てみたいのですが……」というので「いつでもどうぞ」と答えると、やって来たのは隣町にある有名菓子チェーン店の経営を本業にしているという実直そうな若い青年だった。

実直そうだが手ぶらでやって来るのが気にくわない。

有名チェーン店の名前を出して私の信用を得ようとするならば「その有名菓子を持って来

い！」と言いたくなったが一旦、菓子折りの事は忘れ、まずは商談である。

彼が言うには「今まではビジネスホテルで撮影してきましたが、ビジネスホテルだと白壁の殺風景な部屋が多く、もっとカラフルで個性的な色味が欲しいのです」という事だった。

視察を終えた青年は18部屋あるうちの5部屋が気に入ったという事で値段の交渉になった。交渉の結果——控え室として1部屋、撮影用として5部屋で合計6部屋。使用時間は早朝5時から夕方5時までの12時間。1部屋あたり5500円として合計3万3000円で交渉成立である。

またしても相当に安い金額だ。

こんな金額で妥協してしまう自分が心の底からイヤになる。

撮影用のスタジオを借りるという話になればそんな金額では絶対に借りる事はできないであろう。1部屋5000円ならぬ、1時間で5000円というのが撮影スタジオの相場だと聞いたことがある。せめて1部屋1万円にふっかけてやろうかと思ったが、彼の写真が掲載されるグラビア雑誌は無名のB級雑誌。ギャラも少ないという話だ。ここは若い青年の前途と、撮影当日に持ってくるハズと密かに期待している有名菓子に免じてこの値段で折り合いをつけることにしたのである。

撮影当日、青年は8名の撮影スタッフと女優2名を引き連れて、手ぶらでやって来た。「有名菓子はロケ車に置き忘れてきたのね？」と一瞬、前向きに考えたが——結局、手土産は最後まで出てこなかった。

約1名の落胆をよそに、グラビア撮影が始まった。

撮影中の注意事項は事前に彼らに伝えてあったものの、やはり今回もAV撮影隊と同様に我が物顔で敷地内を行き来した。

部屋用のスリッパを外履きとして使用し、駐車場にタバコの吸殻をポイ捨てし、つばを吐きながら大声で話をする。

大量の機材を駐車場に放置したままランチに出かけるに至っては、さすがに私もキレた。

青年を呼び出して厳しく注意をしたのだが、どうやら私の声は念仏にしか聞こえなかったらしい。17時の時報とともに撮影が終了したのが幸いである。

ほっと一息したのも束の間、今度は清掃に入ったバイトさんたちから苦情が殺到した。

「スリッパの裏が泥だらけで擦り切れている」「家具の配置がバラバラ」「浴槽のお湯に何十個もの風船が浮かんでいる」等々……。

私が担当した部屋には、短く切り刻まれたガウンとバスローブ。撮影に使われたとおぼしき山のような紙吹雪。そして真っ白くて大量の羽毛がほわんほわんと空中を漂っていた。

彼らは手土産を持ってこなかったどころか、置き土産を残して帰って行ったのである。しかもスリッパ2足とバスタオル1枚、備え付けの灰皿とハンガー2本を自らのお土産としてお持ち帰りしたのだから頭にくる。

「今度会ったら思い切り文句を言ってやる!」

そしてその機会は数ヵ月後にやってきた。あの青年から、「また部屋を貸して欲しい」と電話がかかってきたのである。

「ばかやろーッ!」

心の中で怒鳴りつつ、結局、お金の力に屈して再び部屋を貸してしまった自分が情けない。

性懲りも無いのは撮影隊ではなく、私のほうかもしれない。

2号室
厄介なお客さま・困った従業員

001 夏少女

近隣のラブホ関係者から聞いたのだが、夏になるとホテル周辺をふらふら歩く「夏少女」と呼ばれる10代の少女が出没するという。彼女の特徴を挙げると、髪はショートカット、上半身は露出ギリギリ、マイクロミニのスカートを穿き、裏通りをかかとの磨り減ったサンダルで歩きながら男性ドライバーに流し目を送るのだという。いわゆる「逆ナンパ少女」だ。

その日も私は田んぼ道を愛車で通勤していた。

私が住んでいる田舎の観光地は中心街から10分も車を走らせると、田んぼと畑、あとはコンビニと海ぐらいしかない。ホテル周囲も田んぼと畑に囲まれ、前方には青く澄んだ太平洋だけである。何もない。しかし、何もないというのが良いのだ。田舎には田舎の良さがある。

大自然と海。

サーファーなら誰しも憧れる環境ではあるまいか。田んぼや畑は「大自然」とはいわないけれど、とにかく空気がおいしい。ときおり風に乗って潮の香りも漂ってくる。都会では決して味わうことの出来ない贅沢がここにはある。

「田舎って最高！」

誰もいない車内で気勢をあげていると、田んぼのあぜ道を昼間から挑発的な格好をした二足歩行の生き物が目に飛び込んできた。

「なんですか、あれは？」

目を凝らして良く見ると、それは、田園風景に似合わない派手な格好をした10代の女性だった。すれ違いざまに彼女を見ると、向こうもチラリチラリとこちらを見ている。流し目だ。

「ひょっとして、彼女が噂の夏少女？」

その日の夕方、さきほどの少女が他県ナンバーの男の車に乗ってホテルへ現れた。

連れの男はどうみても40代半ばの中年オヤジ。間違いない。彼女が「夏少女」だ。

入室後、すぐに女性の声で内線が入り「ビールを２つください」という注文を受けた。

ビールを届けに行くと、夏少女が受け取りに出てきた。

夏少女が小さな声で言った。

「ケータイをかけたいので、外に出たいんだけど……」

「ええ？　外ですか？」

この女はなぜ、わざわざ外へ出たいと言うのでしょう？

一瞬の沈黙――部屋の中からかすかにシャワーの音が漏れ聞こえてくる。どうやら連れの男性は入浴中である。

なんとなく察しはついたが、私が少女を無理やり引き止める理由もないので「どうぞ」と言うと、少女はビールを2本とも持ったまま外へ出て行った。

ほどなく男性の声で内線が入り「連れの女性が消えたんですけど……」と言う。

「ケータイをかけに外に出ましたよ」と伝えると「そうですか」と沈んだ声で電話が切れた。男性は部屋代とビール代を精算し、愛犬を亡くした飼い主のようにしょんぼりとした表情で帰って行った。

この日の出来事を男性従業員に教えると「彼女は前金で男から金をもらった後、隙を見てトンズラするんだろうね」という推理をした。

数日後、夏少女が別の男性とやって来た。

入室後、やっぱり前回と同様にビールの注文が入り、持っていくと「ケータイをかけるので、外に出たい」と言い出した。

「また逃げるのよね？」と言いたくなったが、彼女を引き止める理由はない。「どうぞ」と言うと、彼女はビールを持ったまま出て行った。

しばらくすると「彼女が消えた」と男性客から内線が入った。

「彼女」という言い草に「おいおい、あなたの彼女じゃないでしょ？」とツッコミを入れたくなったが、それを口に出したら身も蓋もあるまい。

「お連れさまは用事があって外に出たみたいですよ」と伝えると、男はひどく慌てた様子で「彼女は？　彼女は!?」と電話口で繰り返していた。間抜け男に「彼女はトンズラしましたよ！」とは言えないし、「見知らぬ女にスケベ心を起こしたアンタが悪い！」とも言えない。心の中で「いい社会勉強になったでしょ」と言っておいた。

その後も夏少女は1日おきぐらいの頻度でホテルへやって来た。

旅先で見知らぬ少女をナンパしてホテルにやって来る他府県ナンバーの男たちを見るにつれ「この女、すぐに逃げますよ！」と伝えたい気持ちよりも「騙される方が悪い!!」という気持ちになってくるのだから人の心というのは不思議なものである。

夏少女は私を含めたホテルスタッフの「今日もうまく逃げるんだろうね～」的な期待に応えるべく「コンビニに行きたい」「車に忘れ物！」「とりあえず外出!!」などと逃げるバリエーションを次々に増やし、スケベ男たちを煙に巻いていた。

そして夏の終わりも近づいてきたある日の事である。

いつものように、夏少女が他府県ナンバーの中年男を連れて入室した。

「今日の手口はコンビニかな？　それともビールかな？」

しかし、この日に限っていつものように内線が鳴らなかった。

5分が過ぎ、10分が過ぎ……さすがの私も心配になってきた。

デキの悪い娘を思う母親のような気持ちで「……もうそろそろ連絡があるわよね」と祈るように電話を睨んでいたのだが、結局、2時間後に鳴ったのは客室の精算を知らせるアナウンスだった。

部屋から出てくる2人を監視カメラで確認すると、いやらしい笑みを浮かべた男とべそ顔の夏少女が映っていた。

「あなた、とうとうヤラれちゃったのね……」

夏少女は夏の終わりを告げるかのように、ホテルへ来なくなった。

002

子連れでラブホ

うちのホテルは基本的に「お子さま連れの入室はお断り」である。入室お断りと言っても若い夫婦が赤ちゃんを連れて来るのは黙認している。赤ちゃんならぬ、小、中学生くらいの子供を2人も3人も連れて来て大人料金2名分だけ払ってトンズラするのは明らかなルール違反である。

当ホテルは場所柄、観光客が多い。特に夏場は客層がガラリと変わるため、ラブホテルというよりも民宿状態になる。シーズン真っ只中に予約なしで現れた親子連れが「1部屋に全員で泊まりたい」と言い出すケースがあり「1部屋貸しはいいですけど、料金は人数分いただきますよ」と言えば「ボッタクリだ！」と怒り出した事もあった。

私には観光シーズンに子連れで予約も無しにどこかへ泊まる気満々で出かけて行く親の心理がわからない。寝床探しに夜遅くまで車で走り回り、結局、宿泊場所が見つからなかったらどうするのだろう。あきらめて帰るのか、もしくは車内で寝るのかと思えばそれはない。べそ顔の子供を盾にして「少し安くしてよ」と訴えてくるのだ。彼らの常套句は「小さい子だからいいでしょ？」である。

そんな夏場の子連れ客のために、子供は1名につき3000円追加で宿泊を受け入れることにした。本当は子供料金なんてどうでもいいのだが、予約も取らずに「あわよくば安く泊まろう！」という親へのダメ出しを込めた追加料金なのである。

しかしフロントで子供の追加料金が発生する事を聞いた親はほとんどが渋い顔になる。「足元を見やがって！」と怒りをあらわにするお客さまもいる。その表情を見るたびに「タダで泊まれる民宿がありますか？」と逆に聞きたくなる。

フロントまで足を運んで料金の確認に来る親はまだいい。コテージを利用する場合は直接フロントを通らないために「こっそり入ればバレないだろう」と思う不届きものの親が後を絶たない。

今年の夏もそんな「こっそり子連れ客」がやってきた。たまたま、バイトさんが監視していなかった為に子連れがコテージに入室した事に気がつかなかったのである。

業務を引き継いで退出後の掃除に入ると、部屋の中には食い散らかしたお菓子が散乱し、汚れた子供用の水着や下着がゴミ箱に捨ててあった。「やられた！」と思い、監視カメラの画像を録画しているハードディスクを再生すると、ワゴンタイプの車でやって来た総勢5人の親子連れがコテージに入る姿が録画されていた。

中1日おいて、夜9時ごろの話である。何気なく監視モニターを見ていると見覚えのある1台のワゴン車が入ってきた。例の、子連れである。

「一言いわねば」という気持ちで注意深く見ているとコテージの入口をウロウロする大きな影が2つ、そして小さな影が3つ見えた。画面を拡大すると小学校低学年と思しき女の子が2人、中学生ぐらいの男の子が1人である。ちなみに、自動精算機には別料金として「夏の子供料金」を明示してある。しかし、別料金など最初から「知らなかった」「気がつかなかった」というのが世の常であろう。時には「そんなの先に言えよ！」と逆ギレされる可能性もあるので入室後にこちらから先回りして電話し、「追加料金が発生する旨」を伝えて納得していただいた。

翌日、退室した子連れの部屋に入ると、コンビニボックスにバスタオルが掛けられていた。テレビの横を見るとアダルト専用のリモコンも隠すように置いてある。そこでハタと気がついた。子供といえど小学生にもなればアダルト番組の内容が通常のテレビ番組と違うことに気がつくはずだ。中学生の、まして男の子などは興味津々だろう。コンビニボックスに至っては例のモノを型どったおもちゃがずらりと並んでいるのだから、ハラハラしている親そっちのけで兄弟なかよくオモチャ談義に花が咲くかもしれない。

「なるほど、バスタオルは子供対策かぁ」

都合の悪いモノを必死に隠す親の姿を想像して笑えた。ちなみにフロ場のスケベイスとマットの存在はどのようにして誤魔化したのだろう？

コンビニボックスで思い出したが、ある日、コテージに泊まった1組のお客さまから内線がかかってきた。

「間違ってコンビニボックスのボタンを押してしまったんですけど……」

事務所の管理画面を見ると、ほとんどの商品がお買い上げ状態で課金されているという驚きの事実に「これは要注意だよ」と心のポリスが語りかけてきた。とりあえず「部屋まで確認に行く」旨を告げるとお客さまの歯切れが途端に悪くなった。

部屋を訪ねると、商品は全て手つかずの状態でボックス内に収まっていた。

「ごめんなさい」と平謝りの女性客を見ながら、いい歳をした大人が悪戯心を起こして取り出しボタンを全部押すだろうか？　という疑問が湧いてきた。何となく納得できないが、謝っているのに深くつっこんでもしょうがないだろう。

「料金が発生しないように処理しておきますね」という私の言葉が終わらぬうちに、浴室の方から、明らかに手で口を塞いでいますよというような子供の泣き声が聞こえてきた。

「お子さま連れですか？」

私の質問に女性客が「……あ、いや、その」と、しどろもどろに答えた。

「確認させていただきます」

有無を言わせず浴室の扉を開けると、そこには隠れんぼ好きなお父さんが、2人の子供の口を手で押さえながら潜んでいた。

「お子さま連れの場合は追加料金をいただきます！」

私の言葉を聞いて、お父さんの瞳が左右に泳いだ。

その不審な動きで気がついた。

「他にもどなたかいらっしゃるんですか？」

念のためにトイレのドアを開けると、そこにも隠れんぼ名人が潜んでいた。おばあちゃんである。

おばあちゃんは、「あら、あら、あら、見つかっちゃったぁ」と言いながら「でへへ」と笑った。おばあちゃんの笑顔を見ながら「私はかくれんぼのオニ役か?!」と言いたくなった。あら、あら、あら、と言いたいのは私の方である。

大人1人分、子供2人分の追加料金を頂くことで納得していただいたが、心の底から「なんだかなぁ〜」と叫びたくなった。

私の話を聞いて、「大人ならまだしも、子供ぐらい大目に見てやれよ」というご意見の方もいると思う。私自身、大目に見てあげようかと思う事もある、がしかし、寛大な気持ちが萎えてしまうほど子供連れの部屋は大惨事になっていることが多いのだ。

お菓子の散乱は当たり前。汚れたオムツが布団の上に置きっぱなしになっていた事もある。嘔吐したものが床や洗面所にぶちまけられており、オネショや排泄物が布団の上で固まっていた事もある。こんな場面に遭遇すると心の底から泣きたくなるのだ。そして思う。

「自分の家をこんなに汚しますか?」

子連れの親にも言い分はあるのだろう。しかし、ここはラブホだ! 私は彼らにきっぱりNOを突きつけたいのである。

それでも「どうしても」というのなら、追加料金を嫌な顔をせずに気持ちよく払っていただきたいものである。

003

クレーマー

私のホテルの本館にはジェットバス付きの部屋がある。

全18部屋、すべての部屋に設置しているわけではないので、ジェットバスが目的で来店したお客さまにはフロントパネルの写真で有無をチェックできるように案内している。

ある日、40代の常連客から内線があった。

「ジェットバスがついて無いんだけど、どうしてくれるんだい？」

「どうしてくれるんだい？」という言葉の意味がわからない。

「私はジェットバス付きの部屋を選んで入ったんだよ」

静かな口調だったが、威圧感のある凄みの利いた低音のバス男声であった。しかし劇的な表現に適した太い声で「選んで入った」と言われても、その部屋にはジェットバスなど最初から付いていない。お客さまの勘違いである。

「ジェットバス付きの部屋へ、お部屋替えしますか?」

私もメゾ・ソプラノ声質でお伺いを立ててみたが、「どうしてくれるんだい?」という魅惑的な低音を繰り返す客と堂々巡りで埒があかない。いくら暇なホテルとはいえ、この手のお客さまにいつまでも付き合っていられない。

「お客さまの勘違いではありませんか?」

再度訴えてみたが、それでも常連客は「私は間違えてない」と言い張っている。あまりにしつこいのでフロントパネルの確認に行ったのだが、やはり常連客が選んだ写真パネルのどこにもジェットバスの記載はされていなかった。

改めて、記載がない旨を伝えても「納得できない」の一点張りである。こうした「納得できない」という主張は暗に「値引きしろ」と言っている場合が多いので注意が必要だ。たとえ常連客であろうと客側のミスに安易に屈することはできない。

部屋替えをしていただくにしろ、このまま帰るにしろ、私としては頑として、「その部屋には最初からジェットバスは付いていない」という事実で押し切るしかあるまい。

この後、数分ほどしゃべっただろうか。常連客もようやく己の誤りに気が付いたのか、凄みの効いたバスから徐々にバリトンへ、最後にはテノール声質で「わかりました」と諦めてくれた。

「シャワーの出が悪い」

「エアコンの効きが悪い」

些細なことで値引きさせようとするお客さまは多い。結局は「カネ」なのだ。

出入りの業者さんが言っていた。

「付き合いのないラブホを利用した時にお湯の色が赤茶色だったから、ちょっと凄んで文句を言ったらそこのオヤジが宿泊代タダにしてくれたんだぜ」

地下水を使用しているホテルの場合、地域や場所によって赤水が出ることもある。

もちろん、きちんと滅菌消毒をして使用されているはずなので赤水でも害はない。そこのところを丁寧に説明すれば値引きには至らないと思うのだがどうだろう。赤水ごときで全額タダにするなどもってのほかである。クレーマーに攻撃されると「面倒だからもういいや」と簡単に白旗を上げるラブホがある。そんな弱腰だから足元を見られるのだ。

1時間のサービスタイムを導入していた頃の話である。

年配の女性常連客がいたのだが、1回目、2回目は1時間できっちり帰って行ったが、3

回目の利用時に5分間だけ時間がオーバーして延長料金が加算されてしまった。早速、内線が入り「いつもと料金が違うじゃない!!」と、凄い剣幕でまくし立ててきた。

私はできるだけ冷静に「お客さまのお入りになった時間は×時×分で、ご精算は×時×分です。5分オーバーなので延長料金がつきます」と答えた。

女性客は鼻息を荒くして「5分くらいなによっ！」と、一歩も引かない。「コンピュータで管理しておりますので……」と伝えても「私は常連客なのよ！　コンピュータと私と、どっちが間違ってるのよ!!」と納得しない。

キンキン声で怒鳴り続ける女性客の勢いに免じて「今回はいいですよ」と折れ、料金を1時間分に修正して延長分を値引きしたのだが、もちろん「ありがとう」の一言さえない。それどころか最後まで「どっちが間違ってるのよ！」と吐き捨て「二度と、こんな所へ来ないから!!」という捨て台詞を残して出て行った。

女性客が退室した後の部屋へ行くと風呂にお湯は張りっぱなし、TVとエアコンは点けっ放し、アメニティと割り箸までお持ち帰り、しかもポットで湯を沸かしてのんびりと紅茶を飲んだ跡さえうかがえる。

「たった60分で、何もかも使おうって根性が間違ってるのよっ」と言いたくなった。

最近の話だが、単身赴任のご主人の元に週末だけやって来る30代の「通い妻」がいた。ご主人は会社の寮で生活しているという事で、週末はラブホを宿代わりにしていたのである。この2人も「客は何を言っても許される」と勘違いしていた。

来店するたびに「料金の値引きはないの？」「有料ドリンクをサービスしてよ」などと要求しては却下される日々である。

ある日のこと、突然、奥さんから「責任者を出せ！」と電話がかかってきた。

「おたくのホテルに泊まったら、身体中に赤い発疹ができたのよ。どうしてくれるの！」

サービス要求の次はクレームである。

「病院代もタダじゃないのよ！」

「通院の手間をどうしてくれるの！」

電話で話をしても納得してくれるケースではないと判断した私は、「電話ではラチがあかないので来ていただけませんか？」と提案した。

私の言葉に「待ってました」とばかり、奥さんは旦那を引き連れてやって来た。

奥さんは事務所に入るなり腕を捲り上げ、「ほら、見てみなさいよ。こんなに赤くなってるじゃないの！」と吠えた。

確認すると確かに奥さんの仰るとおりだが、赤くなっていると指摘した部分は蚊に刺された程度のぽっちりが2つあるだけで「体中に発疹ができた」というレベルではない。「う〜む」と考え込んでいると、「不潔なところで寝たせいだ！」「ここは客よりもダニが多い」などとムチャクチャな事を言い出した。

「どこか別の場所が原因ではないでしょうか？」と伝えてみたが「こんな不潔なところで寝たせいだ!!」と譲らない。

「不潔！　不潔!!」と連発されては、さすがにこちらも頭にくる。うちのホテルは古い建物だが清掃はキチンと行なっているし、ベッドやマットの除菌にも抜かりは無い。

「汚いのはあなたの家なんじゃないの？」

喉元まで出かかった言葉を飲み込み、「診断書はありますか？」と尋ねると「そんなものはない！」という。

（この女、病院に行かずに、ムヒを塗って治る程度の発疹で大騒ぎしてるな）

私の心の弁護士が「勝訴、勝訴！」と騒ぎ出した。

「診断書がないなら、どうすることもできません」

「診断書だってタダじゃないのよ！」

両者の意見は真っ向から対立したまま時間だけが過ぎていった。

私と奥さんのやりとりを黙って聞いていたご主人が言った。

「不潔なホテルという言い方は謝りますが、私たちはここで何かに刺されたようなのです」

旦那さんも腕まくりをした。そこには奥さんと同じような赤い発疹があった。

発疹の確認はしたが、それが何だ？　２人の発疹の原因が「うちのホテルで寝たから」という証明にはなるまい。しかし、この２人に付き合うのもそろそろ面倒臭くなってきたので「医者代を出せばいいんですか？」と言ってみた。

すると今までキンキン声でまくし立てていた奥さんが、お菓子をもらった幼子のような満面の笑みを浮かべて言った。

「なによーっ、最初から素直にそう言えばいいのよ!!」

「結局カネじゃねぇか」と思いながら、最後の切り札として用意しておいた1万円を差し出した。２人は諭吉をふんだくるように奪い取り、「また来るから♪」と言って事務所から出て行った。

「もう二度と来るな！」とドア越しに怒鳴った後で、「２人で５０００円にしておけばよかった」と悔やんだが後の祭りである。

004 妻が先に帰ります

朝8時、ホテルに出勤すると、挙動不審な男性2名が駐車場内をウロウロする姿が見えた。「気持ち悪いなぁ」と思ったが事件が起こってからでは遅い。静かに車から降りて、物陰から2人の様子をうかがうことにした。

1人は地味な服装のオタクっぽい男。もう1人も地味な服装のオタクっぽい男。2人とも20歳そこそこの若い男性である。学生の頃、2人は「ジミー」と呼ばれていたのかもしれないがそんな事はどうでもいい。余計なお世話である。しかし私は便宜上、とりあえず彼らを「ジミー1&ジミー2」と呼ぶことに決めた。

耳を澄ませると、ジミー1の声が聞こえてきた。

「……アイドル系の娘はいますか？」

ジミー2が「……じゃぁオレはロリ系で」

彼らはホテルの駐車場からデリヘルに電話をかけていたのだ。

朝も早よから若さだねぇ……と、とりえず不審者でないことに安堵し事務所に入ると、2人組がフロントにやって来て言った。

「すみませーん、ぼくたち2人なんですが……」

見りゃわかるよ……と思ったが、「2部屋のご利用ですね?」と笑顔で答える私。すると、ジミー1がせっかくの作り笑顔がひきつりそうな発言をした。

「2部屋使うんだから、1人あたり1000円くらい割引してくれませんか?」

「無理です」

一瞬にして崩壊する作り笑顔。それを見た2人は、「なんだよぅ」と言いながら、意外にもあっさりと引き下がり、それぞれの部屋を選んでボタンを押した。

さっさと部屋へ行ってくれと思いながら様子を見ていると、2人組はフロント前のロビーで仁王立ちしたまま一向に部屋へ向かう気配を見せない。このままデリヘル嬢が来るまでフロントの前でポケーっと突っ立っていられるのは迷惑である。

「お客さま、お部屋でお待ち願えますか」と入室を促すと、2人は「へいへい」と言いながらそそくさと部屋へ入って行った。

ほどなく送迎車に揺られてデリヘル嬢2人組が登場した。

このデリ嬢、デリ嬢というより「デブ嬢」、2人が希望したアイドル系とロリ系とはまた違った種類のデリ嬢だ。

（こりゃ、大ハズレね……）

思わず笑いが込み上げる。ラブホ&デルヘル初心者と思しき2人組のお相手が、デブ嬢2人組とは神も仏もありゃしない。

しかし、どこからみてもベテランそうなデブ嬢に、若い初心者がハマらないとも限らない。そうなると、次回からデブ嬢指名でホテルの常連になるかもしれないぞ……と、私は密かにほくそ笑んだ。

が、そんな私の意に反してデリ嬢の入室後、わずか30分――2人組の部屋からほぼ同時に内線が入った。

（なんだ……長丁場じゃないわけね）

だが、彼らからは思いもよらぬ爆弾発言が飛び出したのだ。

「妻が先に帰るそうなので鍵を開けて下さい」

「つっ……妻ぁ～!!!」

デリヘル嬢をつかまえて「妻」発言。しかも、「帰るそうなので」ときたもんだ。デリヘルを利用するお客さまは大抵「ツレが帰るので開けて欲しい」「先に1人出るのでドアを開けて欲しい」という言い方をする。「妻が先に帰る」という最強の言い草に笑いがこらえきれなかった。もしかしたら受話器を置く前に笑い声が聞こえてしまったかもしれない。

「若さというのは馬鹿さ、もしくは、速さとも、読むのかもしれない」などと考えつつ、「彼らはたった30分で満足できたのか？」などと余計なことも考えた。

005

クビになる人たち

ある夏の暑い時期、フロント前にビールサーバーを置き『宿泊のお客さまに限り、お1人さま1杯無料でお飲みください』というサービスを行なった事がある。ジョッキを渡してセルフサービスでビールを振舞ったのだが、注ぎ方が悪くて「泡ばかりだからもう1杯いいか?」「こぼしてしまったのでもう1杯くれ」と訴えてくるお客さまがいた。

お客さまに喜んでもらって、できればリピーターに……という事で始めたサービスなので多少のおかわりは気にしていなかったのだが、ある日、泊りのお客さまが少ないにもかかわらず何故かビールの減りが早いことに気がついた。

その日はたまたま新入りのおじさんアルバイトが勤務をしていた。新人をつかまえて

「ビールのタダ飲み野郎！」と疑っているわけではないが、仕事中に隠れてコソコソ飲んでいる奴がいるとなると由々しき問題である。不本意ではあるが、新人から順番に抜き打ちチェックを行う事にした。

隠密行動ゆえに敵に気づかれては意味がない。車でも人でも敷地内に入るとセンサーが反応して事務所のチャイムが鳴ってしまう。乗ってきた車を一旦敷地外に停め、忍者のような素早さでホテルに入った。犯人確保は時間との勝負である。フロントまでの数メートルを一気にダッシュした。

フロントに飛び込むと、新人アルバイトおじさんという泥棒猫が魚のかわりにジョッキを持ち、キンキンに冷えたビールを注いでいた。

「なんであなたがビール飲んでるのよ」

おじさんが顔をほんのり赤くしながら言った。

「飲んでませんよ。客に頼まれて持っていくところなんですよ」

「ふ〜ん、で、どの部屋？」

「忘れました」

この野郎と思ったが、コソ泥野郎なんぞに負けてたまるか。

「よ〜し、それじゃ、私の目の前でハ〜してごらん」

おじさんは、息を吸い込みながら「ハ～っ」した。

「だめよ、息を吐きながらハ～でしょ！」

次の瞬間、おじさんは手にしたビールを一気飲みして大きな声で言った。

「もう、いいですわっ！」

逆ギレである。

「どうせ、私が悪いんですよ！」

結局、今まで隠れて飲んでいたビール代を「過去まで遡って請求する」という事にして、給料から1万円差し引くことを同意させてその場で解雇した。

別のバイトさんの話である。

彼の本職は某宅配業者。私は彼を密かに「掛け持ちくん」と呼んでいた。

掛け持ちくんは朝早くから夕方遅くまで、宅配という重労働を目一杯しているにもかかわらず、夜10時から朝までラブホの深夜勤務に入っていた。心の底から「ご苦労さま」であるが、ご苦労さまと言っても「お疲れでしたら勤務中でも寝ていいですよ」と言ったことは一度もない。むしろ私のホテルでは深夜勤務中に仮眠など無いわけで、いくら掛け持ち勤務でお疲れでもしっかり働いてもらわなければならないのだ。

しかし彼は私の目が行き届かないのをいい事に、仮眠どころか客室用の毛布を事務所にこっそり持ち込んでソファの上で寝ていたらしい。

その日、たまたま早めに出勤した私は事務所の扉が開いたままになっている事に気がついた。物騒だなぁ……暑いからドアを開けているのかな？　と思いきや、事務所の中は「ここは冷蔵庫か!?」というぐらいエアコンがキンキンに効いている。真冬のオホーツク並みに冷え切った事務所の奥では、ソファの上で掛け持ちくんが冬山登山の遭難者のように毛布にくるまって爆睡していた。

お客さまがフロントの前を通るかもしれないのに、よくもまぁ扉を開けっぱなしで爆睡できたものである。だが私を驚かせたのはそれだけではない。事務所のTVから大音量でアダルト番組がたれ流しになっていたのだ。TV画面ではAV女優が馬乗りになり、朝っぱらから聞きたくもない淫語を大声で連発している。慌ててTVを消そうとしたのだが、肝心のリモコンが見当たらない。リモコンが彼の手の中にしっかり握られているのを見た瞬間、私の中で何かが切れた。

「ばかやろーッ！」

怒鳴りつけると、ソファからずっこけるように飛び起きた掛け持ちくんが「すみませんでしたぁ、つい疲れて……」と弁解した。

「疲れてもへったくれもないでしょ！　なんで客室の毛布がここにあるのよ!?」

掛け持ちくんは私の質問には答えず「人間っていうのは、寝ないとやっていけない弱い生き物なんですよね……」と意味不明の言葉を発して自らお辞めになった。

ビールおじさんといい、掛け持ちくんといい、「ラブホで働きたい」と面接にやって来る人たちは一癖ある人物が少なくない。中には、「隠しカメラで部屋の中を覗けるんじゃないか？」「何かHな事件に遭遇できるんじゃないか？」などという妙な期待に胸を膨らませてやって来る奴もいる。

ある日、「本業がパッとしないので、小遣い稼ぎに夕方4時からバイトに入りたいのですが……」という、パッとしない見てくれの40代男が現れた。

この男、見てくれは悪いが仕事は正確で几帳面、ベッドメイクも丁寧に仕上げる。掃除に関してだけ言えばできる方だろう。しかし彼が他のバイト以上に本領を発揮するのは肝心の「仕事」ではなく「エロさ」であった。

お客さまの退室と共に、ベテランの女性バイトと2人で部屋に入った新人バイトは、掃除もそっちのけで部屋の汚れ具合をチェックしながら自分なりにお客さまの使用状況を素早く分析するのである。

「今日の客はお風呂で1回楽しみましたね。その後、ベッドでもう1回戦というお約束のパターンですか。しかもベッドカバーの上が乱れているのは、なるほど、なるほど……ふむふむ」

お客さまの行為をひとしきり、頬を染め、妄想を交えながら同僚に解説するのである。

ペアを組んで清掃していた女性は、最初のうちこそ彼の解説を面白おかしく聞いていたがそのうち「ペアを組むのはイヤだ」と言い始めた。

私も彼と話をしていると、ドスケベ野郎のイタズラ電話の相手をしているような気分になってくる。

あまりにもエロ話が尽きないので、彼は自分でエロい話をしながら自分の話に興奮して動く『エロの無限エネルギーで動く永久ロボット』なのではないかと思った。

男40歳、エロ盛り。こいつに飲ませる薬はないかと考えたが、意外にも「クビにするぞ」の一言が効果てきめんだった。エロバイトは今のところ『エロ話禁止条例』に従い、妄想の世界でおとなしく仕事をしている。

006 影のオーナーと呼ばれた女

経験者という事で採用したバイトの1人に、工藤のおばちゃん（仮名）という50代の主婦がいた。最初の頃は大人しくしていたおばちゃんだが慣れというのは恐ろしい。徐々に手抜きを覚え、やがて小生意気な女に成長した。

おばちゃんの勤務は朝10時から17時までなのだが、彼女の出勤する時間帯に宿泊客の車が多く停まっていようものなら大変だ。彼女は掃除のバイトに来ていながら、仕事が多いと不機嫌になるのである。

「ヒマでも忙しくても同じ給料なんだから、客なんか来なくていいのにね！」

他のバイトからの又聞きだが、「客なんか来ないでいいんだよ」という彼女の本音を聞いた時は「すぐにクビにしよう」と思った。しかしこういう時に限って連日のように忙しく、不満タラタラの彼女を我慢して使っていたというわけである。

おばちゃんの発する過激な言動が他のアルバイトに与える影響を考え、彼女の勤務時間帯には必ず私も出勤することにした。しかし、彼女にはこれが面白くなかったらしい。

ある日、銀行や買出しなどで1時間ほど遅れて出勤すると、鬼の形相となったおばちゃんが私に向かって怒鳴った。

「今、何時だと思ってるんですか！」

あまりの言い草に、一瞬、どっちがオーナーなんだろうと混乱したが、すぐに「あなたに言われる筋合いはない！　何か文句がありますか！」と言い返した。

私が本気で怒っていることを理解したおばちゃんは一応「あら、ごめんなさい」と口先だけで謝った。しかし、腹の中で真っ赤な舌を出していることくらいわかっている。

「このばばぁ、どうしてやろうか」と思ったが、おばちゃんはおばちゃんで「このオーナー、どうしてやろうか」と思っていたようである。

この日を境に、おばちゃんがオーナーである私を遠まわしに追い払おうとしている節が見られるようになった。

私が「買い物に行ってくる」と言えば、「ごゆっくりどうぞ」と言うし、「明日は来られない」というと、「留守中ご心配なく」と言う。

どうやら1人きりになると仕事もロクにせず、他のバイトに丸投げして事務所でTVを見ているらしい。

こっそり抜き打ちで様子を見に行くと、事務所から逃げるように出て行くおばちゃんの後ろ姿が見えた。彼女がワイドショー通だった理由がようやく理解できた。

いつもは閑古鳥の鳴いているホテルだが、珍しくお客さまで賑わったある日の事である。仕事が一段落した後でおばちゃんが私の目を見ながら言った。

「以前働いていたラブホでは忙しい時に、オーナーがポケットマネーで大入りを出してくれたんですけどねぇ」

「コノヤロウ」と思ったが、「他は他、うちはうち」と言って軽く聞き流した。

しかし聞き流せない事態がクリスマスに発生した。

この日も珍しく宿泊客で満室御礼。翌朝はいつもより清掃部屋が多くなった。私とおばちゃんの2人で何とかできる仕事量だったが、ブツブツ文句を言うおばちゃんの姿を想像するだけでウンザリする。くだらない寝言を聞かされるよりも夜勤のバイトさんに残業代を支払い、3人でさっさと仕事を片付けた方がいい。

夜勤のバイトさんが残業するという話を聞きつけたおばちゃんが同情するフリをしながら

大きな声で言った。

「残業代をもらうのは当然の権利だよね。でもさ、残業代の他にも大入りを出してもらわなきゃ合わないよね〜」

おばちゃんの言葉を聞いた瞬間、私の意識がどこかへふっ飛んだ。気がついたら、おばちゃんよりも大きな声で怒鳴っていた。

「大入りなんかありません！　それじゃあ夜勤のバイトさんには帰っていただいて、私とあなたの2人で全部片付けましょう!!」

おばちゃんはヘラヘラ笑いながら言った。

「冗談で言ったのに、本気で怒らないでよ〜」

「大入りはない！」と言ったものの夜勤のバイトさんに「お疲れ様」の気持ちをこめて缶ビール2本、おばちゃんにも不本意ながら差し上げた。

大入りの一件で「私はオーナーにはっきりモノが言える人間だ！」と更に小生意気のレベルを上げた工藤のおばちゃんは、ある日、倉庫にストックしておいた客用のビールを『2本借りてます』という意味不明のメモ書きを残して自宅へお持ち帰りした。

帰宅途中にはコンビニでもスーパーでもあるというのに「借りてます」と殴り書きして持って帰る意味がわからない。

「ホテルのものを勝手に持ち出すな！」と注意すると「返します」と、右から左に返事をするのみ。そして数日後、ビールの一件はしらばっくれたまま「辞めます」の電話1本でホテルを去った。もちろん辞めた後もビールを返しに来る事はなかった。

たかがビール2本に目くじらを立てることもなかったが私も意地になり、工藤のおばちゃんの自宅の郵便受けへ「返さなければ法的手段に訴える」と書いた手紙を入れておいた。

後日――ビール代金として800円がポストに入っていた。

たかが800円、たかがビール2本だが、やっと工藤のおばちゃんに勝利した気分だった。

007 忘れ物と経験者には要注意

ホテルの掃除は髪の毛1本、塵ひとつ、水一滴残さず磨き上げるのが基本である。掃除のノウハウは様々だが、私のホテルでは1人で1室全てを仕上げている。

1人で全部行うと言うと「そりゃ、大変でしょう」と思うかもしれないが、決して大変な作業ではない。目標時間を設定して自分のやりやすい方法で基本に忠実にやればいいだけの話だ。問題は掃除をする人の意識である。

以前、私が利用したラブホテルでの出来事である。

私は長期戦に備えて毎回、結構な量の食料を買い込んで行くのだが、持ち込んだオカズを温めるために備え付けのレンジを開けてみたところ半分腐ったティーバッグの入った湯のみが放置されていた。

これは完全に清掃者のミスである。こういうミスは新人よりも仕事に慣れが生じたベテランがやらかすケースが多い。

すぐさまフロントに電話をして「責任者を出せ！」と文句を言おうと思ったが、心優しい私はゴミ箱にポイして許すことにした。

余談になるが、忘れ物の中にはゴミとして捨てていいモノなのか判断に迷う物がある。意外に困るのが食べ物関係だ。袋入りの菓子や冷凍庫のアイスクリームなどの場合、未開封だとわかっていてもうちのホテルでは廃棄処分にしている。異物が混入されていないとも限らないからだ。

清掃者が新人の場合、お客さまの忘れた飲食物は「気持ち悪い」と破棄する。だがベテランになるにつれ、忘れ物がお宝に見えてくるようである。

日頃から「お客さまの飲食物は食べ残しについては当日破棄。手付かずのものでも翌日には破棄すること」と指導しているのだが、それにもかかわらずお土産としてこっそり持ち帰るベテランが後を絶たない。持ち帰りに気がついた時は「お腹を壊しても自己責任でよろしく」と言っている。

飲食物の忘れ物に関して言うと、お客さんが帰って数日過ぎてから「これから取りに行きます」と連絡してくるという話は聞いた事が無い。万が一、「後日、取りに行く」と連絡を受けた場合は「保健所の指導で飲食物は廃棄しております」という事で対応している。「保健所の指導」とは物も言いようだが、飲食物をいつまでも保管しておくわけにもいかないし、何より「バイトがおいしくいただきました」とも言えまい。

私自身の話である。

以前、私がラブホテルに行った時の話。いつものように大量に買い込んだ食料の中に、5個入りの大福餅があったのだが、その大福餅は結局食べきれずにテーブルの上に忘れて退室してしまった。15分ほど過ぎてから気がついて「テーブルの上に大福餅を忘れてきたんですが……」と電話をしたところ、電話に出た従業員が切り捨てるように言った。

「ございません！」

「ええ？　たった今ホテルを出たばっかりで、テーブルの上に置いてあるはずなんですけど……」

「ございません!!」

私のホテルでは当日忘れた飲食物はすべて持ち主に返却している。翌日以降の問い合わせについてのみ「廃棄しています」と受け答えしているのだが、敵はわずか15分前の大福餅を「ございません」と言うのだ。

「ございません」と言いながら、電話口でお口をもぐもぐしている敵の姿を想像して大福餅が好物の私は発狂しそうになった。

「畜生！　もう、あんなラブホは二度と行くもんか！」

改めて思うが、15分前の大福を「ない！」と言い切るのはやはりベテラン従業員であろう。特に他のホテルの経験者は仕事の段取りは覚えていても色んな意味で「使えない人」が少なくない。こういう人たちは接客もそうだが、以前勤務していたラブホでの清掃方法が抜けない人も多いので、私のホテルでは変な癖がついていないか確認してから掃除を任せる事にしている。

経験者ということで採用したバイトの木内さん（仮名）が勤務していたホテルでは、繁忙時には1部屋3人体制で清掃していたらしい。1人は風呂場と洗面所の担当、残り2人でベッド周りと備品類のチェックをする。3人で一気に掃除を終わらせてお客さまに1分でも早く提供するというわけだ。

回転数の高いホテルは複数人数での清掃が当たり前だ。しかし、人海戦術は多忙ホテルでの話。うちはヒマだし1人で十分。清掃は、うちのやり方を基本にやってもらえればそれでいい。

ある日、木内さんと一緒に清掃に入ると、使用したグラスが2つ、テーブルに置かれていた。

「使ってあるグラスは、新しいグラスと入れ替えてくださいね」

私の話を聞いた木内さんは不思議そうな顔をしながら言った。

「ピロケースじゃないんですか？」

逆に聞いてみた。

「ピロケースってなんですか？」

すると木内さんは耳を疑うような恐ろしいことを教えてくれた。

以前のラブホでは清掃時にピロケース、つまりお客さまが使った枕カバーでグラスを拭いて終わりだったそうだ。

「ピロ〜って叫ぶとね、ベッド周りの担当者からピロが投げられてくるんですよ〜」

「お客さんが口をつけるのに、それはないんじゃない？」

木内さんは自信たっぷりな口調で言った。

「ピロって綿だからケバ立ちがなくてグラスのふきあげに一番適しているんですよ」

「そういう問題じゃなく、それって人道的にどうなのよ……」ということで、グラスをピロケースで拭くのは禁止して風呂の掃除を教えた。

浴槽に洗剤をつけてスポンジでゴシゴシ擦っていると、「毎回、洗剤をつけて洗うんですか？」と言い出した。どうやら遠まわしに「面倒くさい」と言いたいようだ。

「不特定多数の人が使うのだから、毎回、きっちり洗剤で洗わなきゃ」

それが私の常識なのだが、彼女が以前働いていたラブホでは違ったらしい。彼女いわく、朝の本掃と呼ばれる朝一番の時だけ浴槽に洗剤をつけて洗うが、それ以外はお客さんが何回転しようと水でさっと流して終わりだったという。

そういえば以前、健康センターでアルバイトしていた人に「お湯の入れ替えは週に1度だけしかしない」と聞いたことがある。「それじゃ汚くないですか？」と言うと「客が湯船に入るたびにお湯があふれるじゃないですか、あふれた分は新しいお湯を補充しているから大丈夫ですよ。老舗のタレと同じで、継ぎ足し、継ぎ足しで問題ないですよ」と言っていた。

ちなみに健康センターは、週に1度だけお湯を全部抜いて新しいお湯に入れ替える。その時だけは洗剤をつけて浴槽を掃除するらしい。

「ここも洗剤つけるのは朝だけにしませんか？」

進言する彼女に一喝！

「他は他、うちはうちのやり方があるっ！」

油断するとすぐに手を抜きそうだったので、しばらくの間しつこくついて回る事にしたのだが、経験者からはしばらく目が離せそうにない。

3号室

ラブホテルで見た怪しい出来事

001

デリヘル事情

ある日、1人の男性客が入室後、事務所に外線が入った。

「××号室にお客さんは入ってますか？」

聞き覚えのない男の声である。仮に、聞き覚えがあろうが、知り合いだろうが、ホテルではお客さまのプライバシーに関することは一切答えない。

「どちら様ですか？」

「デリヘルです」

「そのような質問にはお答え出来ません」

「冷やかしの客が多いので確認したいのです」

ちょっとだけ興味を持ったのでデリヘル業者と名乗る男から詳細を聞くことにした。

デリヘルを利用する客が一般のホテルにデリ嬢を派遣してもらう場合「派遣先のホテル名、部屋番号と客の氏名」を業者に伝える。

業者は確認のため、「○○号室の○○様をお願いします」とホテルへ直接電話を入れる。事情を知らないホテル側は「外線で○○様（個人名）からお電話が入っております」と客へ取り次ぎ、客が業者からの電話を受けることで商談成立、冷やかしをシャットアウトしているらしい。

しかし送迎場所がラブホだった場合は話が違ってくる。客はフロントを素通りし自ら名乗ることもない。客が本当にラブホに来ているのか、どこの誰が利用しているのか、業者には確かめる術がないのである。トラブル防止の為にホテルに入室した後、「○○ホテルの○○号室に入室しました」と客に自らもう一度連絡を入れてもらうのだというが、最近は何度も連絡を入れておきながら行ってみると誰もいないという悪質な冷やかしが増えたらしい。

客からの一方的な電話だけでは信用できないので、指定した部屋に1人客が来ているのか知りたいというのが業者の言い分である。

ラブホにも迷惑なお客さまは来るが冷やかしのお客さまは来ない。いたずら電話に翻弄されるデリヘル業者に同情はするが、風俗業者にうっかり助け舟を出すと「売春幇助」でこっちまで道連れにされる可能性がある。問い合わせの電話は、申し訳ないが丁寧にお断りした。

電話を切ってしばらくすると、送迎車でやって来たデリヘル嬢が1人客の部屋に収まった。そして数分後――今度は別の送迎車がやって来て、もう1人現れたデリヘル嬢が先ほどの部屋をノックした。

ラブホテルは1部屋2人で使うのがルールである。3人で使うというなら割増料金をいただかなければならない。内線を入れようとした時、向こうから電話がかかってきて、「ドアの外にいる女の子を帰してくれないかな」と言う。この男、2ヶ所のデリヘルに電話した尻拭いをホテルにさせようというわけである。

「冗談じゃない！」と怒鳴りたくなったが、ここは大人の対応で「致しかねます」と丁重にお断りした。

後からやって来たデリヘル嬢はしばらくの間、根気良くノックを続けていたが、やがてドアを蹴飛ばしてホテルから出て行った。

それから2時間後――かけ持ち男が精算して部屋から出て、呑気に駐車場までやって来た時である。どこで待っていたのか、かけ持ち男が出てくるのを待ち構えていたデリヘル業者と思しき男が突如として現れたかと思うと、かけ持ち男の肩を乱暴につかんだ。と、同時に熱いガチンコバトルが始まった。

ここで改めて断っておきたい。

ラブホと不良客&デリヘル業者は一切関係がございません。

というわけで、君子危うきに近寄らず、私は遠くで傍観者となった。


別の日のことである。

男性客が1人で入室後、送迎車で2人の女の子がホテルにやって来た。1人は20代、もう1人は30代の女性である。

監視カメラで見ていると、30代の女性が1人だけドア口で帰されてしまった。最近のデリヘルは送迎先で女性の品定めをするサービスでも始めたのだろうか？　選ばれなかった女性の心中を思うと少し悲しいサービスである。男性心理としては「女性は若ければ若いほどいい」という事なのだろうか。若さに勝るテクニックも捨てがたいと思うのだが……。

「女性を1人だけ突き返すとは、一体どれだけ格好いい男なのだろう！」

精算して出てくる男の顔をきっちり見てやろうと構えていると、部屋から出てきたのは70歳ぐらいのご老人だった。

孫ほど年の離れた女性を相手に一汗流した老人の後ろ姿を見送りながら「お元気ですねぇ」とため息が出た。年配者用に「バイアグラでも置いて販売してみようかな」などと冗談半分に考えた事もあったが、どうやら今時の老人にそんなモノは必要ないようである。

002

不思議な1人客

ラブホに1人で来る男性客は多い。しかし男性1人客のすべてがデリヘルを呼ぶとは限らない。

当ホテルを釣り宿代わりに利用していた70代の男性がいた。その老人はいつも昼頃に入室して夜中に精算するのだが、ある日「部屋代を少しまけてほしい」と言ってきた。

話を聞くと夜釣りが趣味でひいきにしている釣り船の出航時間が深夜なのだという。

正規の部屋代を支払うと、昼のサービスタイムが終了した後の17時から20時までの通常料金3時間分にくわえて、お泊り料金も加算される事になり、1回の利用で1万9000円になってしまう。これでは気軽に利用できないので少しおまけして欲しいというのだ。

安易に値引き話に屈してしまうと後々面倒になるが、この老人は毎週末にやって来る常連であり、しかも高齢者だということで「今後は1万5000円ぽっきりで結構ですよ」という事にして商談が成立した。

翌日、老人は「料金を安くしてくれたお礼」ということで活きのいいサバをアイスボックスに入れて持ってきてくれた。

魚の土産は週末ごとの恒例となり、「老人の1人客も悪くないな」と思った。


別の日の話である。

初めて見る40代の中年男性1人客が部屋に収まった。その男性もデリヘルを呼ぶ様子はなく、「この人もたぶん釣りが趣味なのだろう」と思った。

しばらくすると管理画面にコンビニボックス経由で『大人のおもちゃ購入』の表示が出た。購入と同時に、男から内線が入り、「女性用のパンティをください」と注文が入った。

男が注文したパンティはヒモに三角形が付いているだけの過激な代物。しかも色は情熱の赤である。

男の部屋にパンティを届けると再び内線が入り、今度は「ビールをください」という。おもちゃだろうが、パンティだろうが、ビールだろうが、お金を落としてくれるお客さまは大歓迎である。ビールを持って部屋のドアを叩くと、赤いヒモパンティを穿いた男が出てきて

「似合う～？」と言いながら目の前で一回りした。一回りすると同時に情熱の赤い三角形からイチモツがぽろりと飛び出した。

……しかし、それがどうした？　私は十代の小娘じゃない。「きゃ～っ」と叫び声をあげるはずもなく、「はい、はい、ありがとうね～」と言って赤パン男にビールを押し付け、強引にドアを閉めた。

その後も赤パン男からビールの追加注文が数回あり、持って行く度にパンティから飛び出すイチモツを見せられる羽目になった。

バレリーナのようにくるくる回転する男を見ながら、「中年の1人客はあなどれないな」と思った。

ある日、初めて見る50代の男性1人客が、精算時に内線をかけてきて言った。

「近所に住んでいるのだが、財布を忘れたので家まで取りに行きたい」

しかし、男の言葉を信用してのこのこ帰すわけにはいかない。免許証を預かって住所をノートに控え、お客さまの帰りを待つ事にした。

免許証の住所はホテルから少し離れた番地になっている。歩いて数分で行き来できる距離なのにわざわざ金を払ってホテルに泊まるというのは何か深い事情があるのだろう。

しばらくすると男が戻ってきて、きちんと支払いをしてくれた。

男はその後もホテルを何度か利用し、その度に「財布を忘れた」と言って家まで取りに行った。一度ホテルを出ても、後から必ず金を払いに来るというパターンに気を許してしまったのが運のツキである。ついにある日、「金を取りに行く」と言い残したまま、男は姿を現さなかった。

数日様子を見たが支払いに来る気配がないので免許証に書かれていた住所に行ってみると、目的の家は既にもぬけの殻だった。どうやら夜逃げをしたらしい。ホテルに泊まりに来ていたのは借金取りから逃げるためだったのかもしれない。

リアルな夜逃げには驚いたが、「近所に住んでいるからといって油断してはいけないな」と思った。

別の日、ワンボックスカーに大工道具を詰め込んだ職人風の若者が1人で来た。

この若者は毎週土曜日朝の8時ごろ来店して夕方17時まで、デリヘルを呼ばずにサービスタイムを1人で目一杯利用していた。しかも、手作りの愛妻弁当を持参しての来店である。

なぜ愛妻弁当だとわかるのかといえば、一度だけお弁当箱を忘れて退室し、後から取りに戻ってきた事があるのだ。可愛らしいチェック柄のナプキンに包まれたお弁当箱だった。

ある日、若者の部屋からゴミと一緒に、男性用の大人のおもちゃとローションの空き瓶が捨ててあるのを発見した。大人のおもちゃはコンビニボックスでも売っているが、職人さんはどこかで買い込んだおもちゃを持ち込み、毎回のようにゴミとして捨てていた。

想像するに、彼は本当なら休日の土曜日にもかかわらず「今日も仕事に行って来るね～」と愛妻弁当を持ってラブホにやって来るのではなかろうか。

午前中はアダルト番組を鑑賞しながら大人のおもちゃでひと仕事、そしてお昼は愛妻弁当を食してひと休み、お昼寝タイムを満喫した後は残りのローションを使って午後からもうひと仕事に精を出すのであろう。そしてサービスタイムが終了する午後17時、自分自身に「お疲れ様」そして「今日も充実した日であった」と帰途につくのではないだろうか。

どんな事情があるのか知らないが、奥さんも旦那がラブホで愛妻弁当を広げているなどとは想像もつくまい。「休日返上で仕事熱心な若者も油断できないな」と思った。

ラブホを1人で利用するお客さまはいろいろな事情を抱えている人が多いようである。

003 それでもコテージが好き

戸建て形式の部屋をコテージと呼んでいる。コテージは都会を離れた田舎のラブホに多く、新規の建築は消防上や防犯上など、様々な理由から現在は認められていない。

コテージは基本的に古い建物なのだが、ビル型の部屋より人気がある。ある人は「声が漏れないからコテージの方がいい」と言った。確かに薄っぺらい壁一枚を隔てて部屋があると無いとでは、あの最中の音に対して敏感になるのも当然かもしれない。

以前私が利用していたラブホでは浴室に入ると上下階の声が聞こえてきた事があった。戸建てならそうした音への気遣いもなく隣接された駐車場に停めてすぐに入室できるというメリットもある。フロントを通過しないので人に見られるという心配がないのも人気の1つだろう。

しかし改めて言うが、大抵コテージは古く、田舎に多い。うちのコテージも築30年以上の古い物件である。見てくれだけは綺麗だが、風呂やトイレなどの水周りは昔ながらの状態である。そのせいか季節によっては風呂場にダンゴ虫やカメムシ、ナメクジなどが大量発生する。梅雨の合間の晴天には羽アリが発生したり、油断していると部屋中が蜘蛛の子だらけになる。本館と違って別棟のコテージは毎日が虫との格闘である。

そんな古くてムシムシ天国のコテージに常連客がやってきた。しばらくすると内線が入り「バスタオルにナメクジが付いています」と訴えてきた。

新しいタオルと交換し、「申し訳ありません」と謝って許していただいた。

後日、再びコテージを利用した同じ常連客から「テーブルで蟻が行列を作っている」と苦情を頂いた。

この日も「申し訳ありません」という事で許していただいた。

3度目の来店の時は「ムカデが天井を這っている！」という悲鳴に近い内線が入った。この時も電話口で「申し訳ありません」と謝ったが、今回は厳しい口調で「早く部屋に来て駆除してくれ！」と言い出した。しかし、こういう時に限ってムカデに有効な殺虫剤を切らしている。仕方ないのでキンチョールと、アリ殺しのスプレーと、サビ落としの潤滑スプレーを持ってコテージに向かった。

我ながら「なんで潤滑スプレーなの？」と思ったが、慌てていたのでとりあえずありったけのスプレーを持って行ったわけである。

部屋に入ると常連客が天井を指さしながら言った。

「ほら、あそこ、あそこ〜！」

「げげっ！」

問題のムカデを見て喉がぐびっと鳴った。15センチはありそうな巨大なムカデがシャリシャリと乾いた音を立てながら天井を這いずり回っていたのだ。確かにこれでは「ごめんなさい」では済まされまい。黒光りする巨体を見ながら、「これは、噛まれたらただじゃすまないわね」と冷や汗が出た。

とりあえずキンチョールを天井に向けて吹き付けると、薬剤の効果というよりもスプレーの風圧でムカデが天井からポトリと落ちた。

落ちた瞬間、ムカデは素早い動きで常連客の足元にガサゴソと向かって行った。スプレー攻撃で弱ったというよりもスプレー攻撃で怒ったという感じである。ムカデの全身から「おまえら、全員噛んだろか！」という意志が伝わってくるようだ。

ムカデに怯えた常連客が「ひゃぁ！」とすっとんきょうな声で叫びながらベッドの上に飛び乗った。この機を逃さず、アリ殺しのスプレーを噴射したがムカデには効果なし。ダメもとで潤滑スプレーを噴射してみたが、逆にムカデの動きが滑らかになったようで逆効果である。各種スプレーを浴びて全身びしょ濡れのムカデが狂った動きでベッドの下に潜り込もうとした瞬間、「見失ったら厄介だよ！」と、私の心の害虫駆除業者が叫んだ。

スプレーがダメなら最後の手段である。

「このヤロ！」

履いていたサンダルをつかんでムカデを思い切りひっ叩いた。しかし、硬いゴムをぶっ叩いているような手応えで敵にダメージを与えたとは思えない——とはいうものの、手持ちの殺虫剤に効果がない以上、私に残されているのは肉弾戦のみである。

2回、3回、4回とひっぱたいているうちに、ムカデの動きが徐々に鈍くなってきた。5回、6回、7回……遂にムカデがひっくり返ってもがき苦しみ始めた。

「うらあぁぁ！」

叫びながらトイレに飛び込み、トイレットペーパーをぐるぐる巻いた手でムカデをつかんで便器に放り投げると水と一緒に流してやった。

「よっしゃ～、これでもう大丈夫ですよ～」

常連客が鼻をつまみながら言った。

「この部屋、殺虫剤臭くてムリ。帰る」

帰り際には「管理が悪すぎる」と厳しいお叱りの言葉をいただき、お金はいただけず、疲労感だけがどっと残った。

田舎の虫はタフで容赦ない。

できることならオンボロ・コテージの利用は避けて、ビル型の本館を利用していただきたいと思う次第である。

004 青春2人組

ある日の午後、「サービスタイムって何時までですか？」という1本の電話が入った。「朝5時から夕方17時まで12時間利用して5500円ですよ」と答えると、若い男女が自転車に2人乗りしてやって来た。うちのホテルは交通の便が悪い場所に建っているので、利用客のほとんどが車でやって来る。たまに徒歩でやって来るご近所さまもいるが、自転車に2人乗りでやって来るとは珍しいパターンである。

その時はモニター越しに見ていて「あの2人組、ずいぶん若いな〜」くらいにしか思っていなかった。

翌日も2人は自転車に2人乗りでやってきた。入室して間もなく、「間違ってコンビニボックスのボタンを押してしまったんですけどぉ……」と内線が入った。管理画面で確認すると確かに2つの商品がお買い上げ状態で課金されている。

使用の有無をチェックするために部屋を訪れると、見るからに若い男の子が商品を持って内ドアの前に立っていた。ドアの隙間から部屋の中でタバコを吸っている女の子もチラリと見えたが、こちらの子もあどけなさの残る10代の少女といった感じである。おそらく2人は高校生。この春、高校に入学して付き合い始めたラブラブ・カップルではあるまいか。

しかしこれはあくまでも「私の目には高校生のように見えた」というだけの話である。彼らの本当の年齢はわからない。わからないから「18歳以上のお客さま」という事にしておいた。私はホテルのオーナーであり、警察官や補導員ではないのだ。

2人が入室して数時間が過ぎ、サービスタイム終了の時刻が迫ってきた。

（青春まっただ中のお2人さんもそろそろ退室する時間ね）

しかし、精算して部屋から出てきたのは男の子1人だけだった。

（あれ？　女の子は？）

監視カメラで見ていると、男の子は周囲の様子をうかがいながらそろりそろりと他の部屋に忍び寄り、ドアノブを1つ1つ回し始めた。もちろん、ドアノブには自動ロックがかかっているので開くはずもない。

（彼は一体何をしたいのかしら？）

男の子は他の部屋のドアがすべて開かない事を確認すると、再び精算した部屋に戻ってドアを閉めた。

一度精算した部屋から退室せずに居座ると延長料金が発生する——その旨を2人組の部屋に内線で伝えると「すぐに出ます！」と慌てた様子で出てきた。

2人の格好を見ると近所の高校のジャージを穿いている。

「やっぱり高校生なのか？」と思ったが、本当に高校生かどうかというのは本人に聞いてみなければわからない。

お堅い法律の話をすれば、風営法で18歳未満のラブホテル利用は禁止である。警察から、フロントやコテージの各部屋に「18歳未満お断り」の案内を出すことも指導されている。

しかし現実問題として、来店するお客さんを捕まえていちいち「あなたは18歳未満ですか？」などと聞けるわけがないし素直に答えるお客さんがいるとも思えない。

今回は高校のジャージを着てやって来た微妙なカップルのケースだが、高校卒業後もジャージを愛用しているカップルだっているだろう。ジャージのペアルック、田舎ではこれがきっと流行りに違いない。私は2人を18歳以上と判断し、温かい心で見送る事にした。

ジャージの2人組と入れ違いで駐車場に1台の車が入ってきた。

やって来たのはコテージの常連客である。

常連客がコテージに入ると、先ほど退室したはずの２人組が自転車に乗ってコテージの前にやって来た。

嫌な予感がして管理モニターに目をやると、コテージの自動ロックが開錠になっている。あわてて遠隔操作で施錠したのだが、なぜか再び開錠になるのだ。イタチごっこはこのことだろう。どうやら２人組がコテージの電気錠を外から悪戯しているらしい。

注意しに行こうとした矢先にコテージの常連客から内線が入り「ドアノブが外からガチャガチャされている」と訴えてきた。コテージに飛んで行ったが、すでに２人組は立ち去った後だった。

ある大雨の日である。土砂降りの中を、傘もささずにあのカップルが自転車の２人乗りでやってきた。３回目のご来店である。

２度あることは３度ある。こいつら、今度も何か悪戯をするに違いない。

２人組がいたずらをしても慌てず対応できるように心の準備をしていると、２人組はおとなしく精算して退室した。ほっとしたのも束の間、彼らは再びフロント前にやって来るとパネルの空き部屋ボタンを押して２階へ駆け上がって行った。

「もう一回戦？　若いってステキ……」

しかしよく考えてみると、料金を2度払いするような真似を彼らがするだろうか?

彼らを追いかけて階段をダッシュで上がりながら「このクソガキ～」ならぬ、「お客さ～ん!」と強い口調で叫んだ。すると2人組が空部屋からびっくり箱のように飛び出してきて、私の横をかすめるようにしながら一目散に逃げて行った。

2人が出て行った部屋に入ると、コンドームとライター、そして浴室からはシャンプー類がごっそりと持ち去られていた。

「やられた」と思ったが後の祭りである。相手が自転車では追いかけようもないし、どこの誰かもわからない。

彼らは3回やって来て、合計1万6000円近く使っている。

安いバイト代をコツコツ貯めてホテルに来ているのか、少ない小遣いをやり繰りして来ているのかは知らないが、コンドームだって普通に買えば決して安くない。シャンプーや櫛、カミソリの類だって無きゃ困るがあっても困らない。行きがけの駄賃とばかりに失敬したのだろう。

あれ以来、彼らの姿を見ていないが、私は「彼らは忘れた頃に再びやって来る」と確信している。

005 不思議なカップル

ホテルに来店するたびに喧嘩を始める30代の常連客がいた。その日も入室してすぐに喧嘩を始め、わずか17分後に退室した。

ちなみに、一度入室すると17分だろうがサービスタイム目一杯の利用だろうが料金は同じである。さっさと帰っていただいた方が部屋の回転率が上がって私的にはありがたいのだが、彼らに関して1つだけありがたくない点がある。部屋の掃除に行くと臭うのだ。強烈なビール臭である。彼らは喧嘩のたびに部屋中に缶ビールやお菓子を投げつけるのだ。

2人に言いたいことは山ほどあるが、特に言いたい事がある。

「ゴキブリはビールの匂いが大好きだってことを知っていますか？」

田舎は虫の宝庫である。

ゴキブリを筆頭に、ゲジゲジ、アリ、ナメクジ、ムカデにヤスデ、クモ……きりがない。

これら害虫を呼び寄せるビールの匂いやお菓子の残骸をきっちり処理するまで、何度も何度も雑巾がけや掃除機がけをしなければならないのである。ビールをかけてはしゃぎたいならせめて風呂場でやってもらいたいのだ。

彼らが来店するたびに「今日は喧嘩しませんように」と祈るのだが、私の祈りが神に届いたためしがない。


ある日、ホテルにピカピカの真っ赤なランボルギーニがやって来た。

「どんな金持ちがやって来たのかしら?」

興味深く見ていると、スーパーカーから降りてきたのは年配セレブ風のご婦人と、微妙に日焼けしたホスト風の若い男という年の差カップルである。

ほどなく内線が入り「カップラーメンひとつお願いします」とセレブから注文を受けた。

「ほほう、金持ちもカップ麺を食べるのね」

金持ちの意外な注文に、「車のローンが大変だったりするのかも……」と、気を取り直して持って行った。

庶民派の代表である私が「愛読書は nissen のカタログです」という弱オーラを漂わせなが

らカップ麺を持っていくと、「愛読書は Fine です」と微妙にキメた中オーラの若い男がラーメンを受け取りに出て来た。同時に「愛読書は PRESIDENT です」と強オーラを放つ岩井志麻子風のご婦人も出てきて「私だけ外出する」と言った。彼女が向かう先は乗馬クラブとの事である。若い男はカップラーメンを片手に、1人ぼっちでお留守番という訳である。

「いってらっしゃいませ」とホテルから送り出した後——彼女はなかなか戻って来なかった。ラブホにぽつりと残された Fine はどんな思いで彼女の帰りを待っていたのだろう。

普通のホテルならまだしも、ラブホテルでは自由に外出する事もままならない。施設内に娯楽設備があるわけでもない。せいぜいカップラーメンをすすりながらエロビデオでも見ているのが関の山だ。

数時間後、上機嫌で戻ってきた PRESIDENT とともに浮かない表情の Fine はランボルギーニに乗って帰って行った。

退室後の部屋には、細かく、細かく、引きちぎられたテッシュが散乱していた。狭い部屋にたった1人で残された悲しい男の自虐的な反抗であろう。

男に Fine ならぬ「鍵っ子」というあだ名をつけたが、2人がホテルを利用することは二度となかった。

クリスマスイブの夜のことである。

中年のカップルが「外出して海を見に行きたい」と内線してきた。

時計を見ると22時を過ぎている。

夜中に海に行っても寒くて、暗くて、危険がいっぱいなのだが「イブの夜に海を見てロマンチックな気分に浸りたい」と、わざわざ季節外れの観光地にやって来る人も少なくない。

「お気の済むまでどうぞ」という事で部屋のロックを解除した。

部屋から出てきた2人を監視カメラで見ていると薄暗い照明に浮かびあがっているシルエットが普通ではない事に気がついた。彼の頭にはツノのようなもの、彼女の頭にはうんこのようなものが付いているのだ。

「真相を確かめなければ！」

2人の後を追いかけると、そこにはトナカイのカチューシャをつけた50代とおぼしきオッサンと、雪だるまのカチューシャをつけた中年の女性が立っていた。私は、吹き出しそうになるのをこらえ「かわいい～！」と、心にも無いことを口にした。すると2人は満面の笑みを浮かべながら「いいでしょ？」と言った。私は、「そんなモノどこに売っているんですか？」と尋ねてみた。

「そんなモノ」という表現をした後で「まずい」と思ったが、オッサンが「コンビニで普通に売ってますよ」と答えた。普通に売っているモノとはいえ、何の疑いも無く買ってしまう中年カップルの心理がいまひとつ理解できない。

「夜の海は危険ですから気をつけて行って来てくださいね」

私の言葉におっさんは親指をグッと立てて「メリークリスマス！」と言った。ノリのいい男である。しかし残念ながら、私はそのノリについていけない。

トナカイのオッサンと雪だるまの彼女は仲良く手をつなぎ、冷たい風の吹きすさぶ真冬の太平洋へ向かって楽しそうに駆けて行った。

翌日、退室した2人の部屋には思い出の詰まったトナカイの角と雪だるまがポツリと残されていた。

私はそのカチューシャをゴミ箱に放り込みながら思った。

「普通はサンタとトナカイの組み合わせだよねぇ……」

006 異臭騒動

ある日の夕方の話である。出勤すると駐車場に1台だけお客さんの車が停まっていた。お客さんが少ないのはいつもの事である。1台はいいのだが、車の近くに透明のビニール袋が捨ててあった。ビニール袋を拾い上げるとかすかにシンナーの匂いがした。「くさいなぁ」と思いながらゴミ箱へ放り込んで事務所に行くと、ベテラン従業員の野田さんが手招きしながら言った。

「今、1人で入ってるお客さんですけど、結構時間が経つのにデリヘルが来ないんですよね」

野田さんの言葉を聞いて、先ほど捨てたビニール袋を思い出した。

「まさか部屋でシンナーやってるんじゃないわよね」

冗談半分に言うと野田さんが興味深げに言った。

「なんですか、シンナーって？」

「実はシンナー臭いビニール袋が駐車場に落ちていたのよ」

野田さんが笑いながら言った。

「ありえないですよ、お客さんは40代くらいのおじさんでしたから」

「そうか、なら安心ね」

「あっはっは」

結局、おじさんはデリヘルを呼ぶこともなく精算して帰って行った。清掃作業をするために私と野田さんが部屋のドアを開けた瞬間――鼻腔に強烈なシンナー臭が突き刺さった。

「なんじゃ、こりゃぁ！」

野田さんが叫び、私は「窓、窓！　窓を開けて～!!」と大声で走り回りながらすべての窓を全開にした。

部屋の中は非常に危険な状態だった。

ライター１つで大爆発を起こすのではないかと思えるほどシンナーが充満していたのである。

この後始末をどうしようかと考えていると、野田さんが呻きながらゴミ箱を指さした。ゴミ箱の中にはチューブ状のボンドが数本転がっていた。

しかも底にはボンドの沼が出来上がっていたのである。

「うう……この、ボンド野郎ぅ！」

いい歳こいたおっさんがラブホでシンナー遊びとは情けないにも程がある。

私は呻きながらシンナー遊びに興じていたナイスじゃないミドルを、ジェームズボンドならぬただの「ボンド」と名付けることにした。

ボンドはその後も数回来店し、1人でこそこそシンナー遊びを楽しんでいたようである。

ある日のこと、ボンドが珍しくデリヘルを呼んだ。

ボンドの部屋へ入って行くデリヘル嬢を見ながら野田さんと2人で「部屋の中がシンナー臭かったらかわいそうだね」と話していた。

小1時間ほどで2人は退室し、いつものように清掃のために入室すると案の定、部屋の中は強烈なシンナー臭が充満していた。

野田さんが白目を真っ赤に充血させながら言った。

「デリヘル嬢もぼくたちも、ボンドから割り増し料金貰わないと合わないよね！」

ボンドはその後も数回ホテルにやって来たが、ある日を境にパタリと来なくなった。

「警察に補導されたのかな？」

「40男が補導はないでしょ。逮捕じゃない？」

「あっはっは」


別の日の事である。

夜勤だった私はこの日も暇な時間を過ごしていた。

深夜、ピンポーンとお客さまの入場を知らせる音で監視モニターに目をやると、１人の女性が徒歩でホテルへ入って来るところだった。

男性の１人客は珍しくない。だが女性の１人客は珍しいし、正直に言って「遠慮して欲しい」と思う。ラブホテルに女性１人で入るのは訳ありの可能性が高いし、後で何か間違いがあってからでは遅いのだ。心配になって、女性が部屋へ入った後にこちらから内線を入れてみた。

「お客さま、お１人様ですか？」

「後から連れが来ます」

「そうですか」という事で電話を切ろうとすると、女性が「宿泊料金はいくらですか？」と尋ねてきた。どうやらこのまま宿泊する予定らしい。その後、２時間が過ぎ3時間が過ぎたが結局、彼女の「連れ」はやって来なかった。

女性は朝早い時間に精算し、来た時と同様に1人で歩いて帰って行った。

掃除のために部屋のドアを開けると強烈な『お香』の臭いが鼻をついた。備え付けの灰皿には大量の線香の燃えカス、そして浴室にはアロマオイルの空き瓶が数本転がっている。

部屋中に充満したお香の煙とアロマの匂いにクラクラした。よく火災警報が出なかったものである。

深夜に1人でやって来て、大量のアロマとお香を焚いて去って行った女性。

彼女の目的は一体なんなのだろう。何かの儀式でもしたのだろうか？

とりあえずお香で薫製にされた布団をクリーニングしなければ次のお客さまに貸すことができない。換気扇とエアコンを最強の設定にし、消臭剤をスプレーして窓を全開にしながら思った。

シンナーやボンドは臭いのが当たり前である。しかし、限度を超えたアロマやお香の匂いも悪臭以外のなにものでもない。

「臭いお客さまはお断りします！」

この一文をホテルの入口に貼り付けようかと本気で考えた1件である。

007

女同士の客

夏場になると毎年のようにやって来る20代後半の女３人組ボディーボーダーがいる。

ある日、バイトが１人で店番をしていた夕方５時頃、例年のように３人連れのオバサン予備軍ボディーボーダーがフロントにやって来た。

「私たち、３人なんですけどぉ～」

女に甘く一人妄想癖のあるバイトは「１人分の追加料金をいただければ結構ですよ」と、即答でＯＫした。追加料金は当然頂くが問題は入室時間である。当ホテルは17時までがサービスタイム。17時から20時までの３時間が通常の休憩タイム。20時からが宿泊タイムである。オバサン予備軍は17時以降の来店になるので、このまま入室して宿泊すると精算時に17時～20時分を追加して支払うことになる。

20時前にホテルへ来て追加料金を払わずに宿泊を希望する客は、希望部屋の予約をしてから20時まで食事なり買い物へ行って時間を潰さなければならない。しかしオバサン予備軍は図々しさ全開で言った。

「宿泊は8時からなんですよね～、でも3時間も時間を潰せないしぃ、困ったなぁ～♪」

甘ったるい声にノックアウトされたエロバイトは「少し早いですけど、いいですよ♪」と部屋に入れてしまった。ほどなく3人組から内線が入った。

「ガラクタ食堂にゴハンを食べに行きたいんだけどぉ～ここから遠いんですか～？」

ガラクタ食堂というのは、車なら3分程度だが、歩くと15分の距離にある有名な食堂である。ここでエロバイトが取った行動は、「車で送ってあげましょうか♪」である。仕事中にもかかわらずこのバカ野郎はガラクタ食堂まで3人組を送って行ったのである。

ホテルに他のお客さまがいないから良かったものの、仕事を放棄して3人組をわざわざ食堂までお送りするこのエロさ加減。向こうは「しめしめ……」と思ったに違いない。

その日、私は夜勤だったのだが、たまたま早目に行ったところホテルが無人状態で放置されていたという訳である。これは何事かと思っている所にエロバイトが戻って来て「お客さまを食堂まで送って戻って来た」と言うのだ。

「ホテルを無人にするとはどういう事なの！」と注意をするも、エロバイトの耳に念仏。

「宿泊時間の8時前に迎えに行ってきます」などと反省の欠片もない。

ホテルに戻ってきたオバサン予備軍たちの料金を確認すると、宿泊料金のみで17時〜20時までの3時間分が付いていない。バイト代から差し引くという事でエロバイトにはエロの代償を支払ってもらう事にした。

エロバイトと業務の引き継ぎをしているとオバサン予備軍たちから「タオルが2人分しかない」「ワイングラスが欲しい」「もっと風力の強いドライヤーは無いか？」などと矢継ぎ早に内線が入った。そのたびにエロバイトは「ちょっと行ってきま〜す」とウキウキで部屋に向かう。戻ってくると「女の子の部屋っていい匂いがしますね〜」と処置なし状態。

翌日も3人組は12時のチェックアウトギリギリまで滞在し、駐車場では荷物の出し入れに20分ほどかかっていた。退室後の部屋は、汚いの極地。ゴミの始末も出来ない女たち。

ベッドの上には薄汚れた薄っぺらいタオルが数枚残されており、「代わりに頂いていきますね♪」とばかりにホテルのタオルとガウンが持ち去られていた。

女が3人集まると気が大きくなるらしい。ホンモノのオバサン以上に図々しくなるから手に負えない。

では女の2人組はどうだろう。

ホテルをリニューアルオープンして1ヶ月くらいの間、客室に「落書き帳」を置いてみた事がある。暇つぶしにペラペラ見ているとエッチな絵や大きな声では言えない内容の殴り書き等、本当に下らない悪戯書きしか書いてない。継続して置いても良かったのだがあまりにも下品な内容ばかりなので1ヵ月程度で廃棄した。そんな中でちょっと気になったのが女同士のお客さまである。落書き帳に2回ほど書いてあったのだが「女同士でおかしいと思われるかもしれないが、〇〇ちゃんとはラブラブで……」的な内容だった。

ある日の夕方、20代の女性2人組が入ってきた。女性2人で宿泊ならわかるが、休憩時間での入室は珍しい。入室後に「ひょっとするとあの落書き帳のお客さまではないのか⁇」と思った。

約3時間後、2人が退室した部屋へ行ってみると、絨毯に赤いシミのようなものが点々と垂れている。

「なんじゃ、こりゃ?」

今まで見た事もないようなシミである。雑巾で拭き取ろうとしても絨毯の繊維にこびりついて中々取れない。

それが「ろうそく」だと気がつくまでそんなに時間はかからなかった。半ベソで後始末をしながら「女同士でろうそく垂らして何がラブラブだよぉ〜」と、ボヤいた。

女同士のお客さまはなかなか侮れないのである。

4号室

ラブホテルの裏事情

001

ラブホの経営を始める

海に近いラブホが競売物件として売りに出されているという話を聞き、激安価格で購入したのは今から8年ほど前の話である。

8年前の8月、夏の真っ盛り——OLから一国一城の主となった私は、何もかもが初めての経験でゼロからのスタート、いや正確には、親兄弟などから借金をしてマイナスからのスタートをした。

経営のマニュアルなど何もない。全て手探り状態からスタートである。

開業にあたり、まず従業員を採用しなければならなかった。

競売物件だったこのラブホは買い手がつくまで不動産会社によって仮の営業が続けられており、3名の従業員がオーナー不在のまま残って働いていた。

再雇用を希望していた彼らは以前と同じ給料と待遇を求めていた。彼らの言い分は「手取りで○○円もらえないと生活できない」という事である。それは「前給と同じ給料じゃないと納得できない」という事でもある。

私には経営不振で倒産する原因がオーナー1人の怠慢だとは思えない。彼らは自分の職場は自分で守るという意識と、もらっている給料以上に働くという意識を持っていたのだろうか。タイムカードをガチャンと押せば、後は自動的に給料が振込まれると思ったら大間違いである。

「ここに残りたいのなら、以前よりも厳しい条件で再スタートしてください。辞めるならご自由に」

私の言葉に従った2人はさっさと辞め、30代の野田さんという男性1人だけが残った。たったの2人で24時間とは厳しい状況だが致し方ない。当面はオーナーの私が昼間の12時間を受け持ち、野田さんが夜の12時間を受け持つという形で、経営が軌道に乗るまで回すことにした。

野田さんには「苦しい状態が続くけど、そのうち従業員を増やすから我慢して欲しい。体調管理だけは十分に注意してくださいね」と言っておいた。私と彼の2人しかいないのにホテルの部屋は全18部屋ある。そのうち9部屋はリニューアルを行い、残り9部屋での営業ではあったが、たった9部屋とはいえ1人で回すことは不可能に近い。私と彼の2人しかいないのに「今日は体調が悪いので休みます」などと言われたら、それこそ地獄。1人で朝から晩まで24時間フル稼働しなければならない。それだけは勘弁して欲しい。

しかし、約1週間後の夕方に事件が起こった。業務の引き継ぎを終わらせて帰ろうとした私に野田さんが言ったのだ。

「自宅が遠くて通勤がキツイので、ホテルの近くへ引越します」

仕事を優先して引越しまで考えている男、野田。私は経営者になって、初めて「人」に感動した。感動という心の蛇口から涙というしょっぱい水がこぼれ落ちそうになった時、野田さんが言った。

「つきましては、引っ越しの準備をするので明日から3日間休みをください」

私は心の蛇口をきゅっと閉じ、涙の代わりに「殺す気か！」と叫んだ。感動から一転、事務所は非常に険悪な雰囲気になった。しかしここでベテランの野田さんがへそを曲げて、「休みをくれないなら、もういいや。辞めま～す」などと言い出したら事態はもっと最悪だ。新規のアルバイトを採用して一から出直しスタートでは私自身が本当にぶっ壊れる。冗談抜きで、本当に過労死してしまうかもしれない。

よ～し、女は度胸だ。3日間ぶっ通しで働いてやろうじゃないか！

思えばこれが最初の苦難だった。夏真っ盛りの観光シーズンだったために客の出入りが非常に激しかったのだ。清掃が終わればすぐにまた新しいお客さまが入ってくる。次々と来店するお客さまの対応に、嬉しい悲鳴は初めの1日だけ。あとは苦しい悲鳴となった。3日間のうち、私は一体何時間眠れたのだろう。正直、記憶が定かではない。

あと数時間で野田さんが出勤して来るという夜——限界を迎えた私は気絶するように事務所のソファで爆睡していた。私を叩き起こしたのは、交代の野田さんではなくお客さまであった。

野田さんとの2交代勤務はその後、2週間ほど続いた。

私も少しずつ仕事を覚え、従業員を1人、2人と増やしてゆき、少ないながらも休日をとれる状況になった。しかし、せっかくの休日も疲労が蓄積して動く気力が全然なかった。

休日にサーフィンどころか、家から出るのも億劫で、心の余裕も、体の余裕も、全くないという日がオープンから数年間続いたのである。今だから言えるが、ラブホの経営は甘くない。その頃の私は夢ばかり追っていて、厳しい現実から目を背けていた。

「何とかなるさ」と思って無理をしてきたが、世の中は「何ともならない事がある」——というより「何ともならない事のほうが多い」という現実を少しずつ思い知る事になったのである。

002

リネンとアメニティ

ラブホを自分の理想の城に近づけるために、建物のリニューアルだけではなくリネン関係も一新することにした。

業者の選択をするために電話帳を片手に電話をかけまくると、真っ先に飛んできたのが地域密着型で個人経営のリネン屋の社長だった。

50代で人懐っこい笑顔の社長、池田さん（仮名）は真っ白いタオルとガウンを持参し、「当社は価格以上に丁寧な仕事と清潔感を提供します！」と言った。タオル類は初めから清潔感のある白と決めていたので、さっそく池田社長から見積もりをもらうことにした。

その後、数社のリネン業者を比較検討してみたが、見積もり自体にはどれも大差がない。白さと清潔感という部分で比較してみると池田社長の商品は他社よりも白さが一段と際立っているように見える。実直そうな人柄にも引かれ、リネンをワンセット428円（税別）で取引することを決めた。

バスタオル2枚、フェイスタオル2枚、バスマット、シーツ、布団カバー、ピロケース2枚、ガウン2枚――最小限このワンセットで、1室が完成する。

リネンは毎月の使用枚数によって契約額の高低がでてくるが、上記のセットで合計500円以内（消費税別）に収まればまぁまぁだろう。

ちなみに、これらのリネン類はみなリースだ。リース品ではなくホテルのオリジナルタオルの制作も考えたが、費用がバカにならないばかりか「オリジナルのタオルが素敵なタオルであればあるほど盗まれるリスクが高いのですよ」と、池田社長が教えてくれた。業界経験の長い池田社長にはずいぶん助けていただいた。

布団カバーの選択についても池田社長にいろいろ教わった。私が買い取る以前の経営者は、布団カバーの3辺にヒラヒラしたシャーリング状のドレープがついているものを使っていた。この布団カバーをかけるとベッドの足元が隠れるので見た目にはいい。しかし1点だけ問題がある。大きな声では言いにくいのだが、基本的にこのカバーは客が使用した後も取り替えることがないのである。

取り替えるのはカバー本体ではなく、シーツと布団の間にセットしてあるシーツ状の大きな布だけなのだ。

布を取り替えるだけなので清掃作業は楽チンなのだが、布団カバーは前のお客さまが使用したものをそのまま使うので不衛生極まりない。一昔前は多くのラブホがこのドレープつき布団カバーを採用していた。未だに使用しているラブホもあるらしいのだが、最近は袋状の布団カバーが主流で、清掃ごとにきっちりと取り替えている。私も池田社長と相談して布団カバーはドレープ付きではなく、袋状の柄物2種類、無地の3種類を作ってもらうことにした。


リネンを一新する事に伴って、ヘアブラシ、ハブラシ、カミソリ、シャンプー等といったアメニティの見直しも図る事にした。アメニティを扱う業者は多数ある。

国産から外国製（主に中国）まで、品質も種類も多種多様だ。

たとえば歯ブラシである。基本的には使い捨てなのだが、2、3回きっちり使える歯ブラシもあれば、毛先の処理が雑で歯茎から出血したり、毛が抜けたりする安物もある。低価格の外国製の中には歯磨き粉のチューブが入っていなかったり、小虫が入っていることもあったりするので要注意だ。

歯ブラシは価格の安いものは1本6円からある。高くなると9円、10円、15円。これらは一括して大量購入しなければならないので1回あたりの仕入額が高額になる。お客さまには品質の良い物を提供したいというのが理想なのだが、いざ自分でお金を出して仕入れる段になると1円でも安いものを求めてしまう。

ある時、業界誌をのぞいてみると『女性客はラブホのアメニティを重要視する』という統計が出ていた。なるほど。私自身、客として遊びに行くならアメニティの充実したラブホに行きたいと思う。しかしアメニティに力を入れすぎて肝心の室料が高価格になるという事では疑問を感じる。

私のホテルでは過剰サービスと無駄を徹底的に見直した。

リニューアル当初は個別包装されたソープや化粧水を仕入れていたのだが、中途半端に使ってゴミ箱にポイ捨てされている現実を見るにつけ「もったいない」という気持ちと、実際に自分で使ってみて「特に問題もないだろう」という感触から、個別包装のアメニティを廃止にしてボトルソープへ移行した。

ちなみに、ボトルソープの中身は洗顔用も手洗い用も同じソープである。仕入先の業者いわく「中身は同じでも、ボトルを変えればいいわけですよ。特に問題ないでしょ」ということらしい。いい加減な商売である。

003

ラブホの料金設定

リニューアルオープンに際して、部屋料金の設定を新たに考える事にした。

「ラブホで儲けてウッシッシ」という大いなる野望への第一歩として、まずは近隣店舗へ赴いて部屋に置いてある料金表や食事のメニュー表などを片っ端から頂いてくることにした。

インターネットで検索すればホテルの部屋料金は一目瞭然だが、他店に実際に入店してみることで価格以外の様々なサービスの詳細が把握できる。なにごとも直接「足」を運んで、この目で確認してみたい。

「ホテル代は経費で落とせるかな?」などと考えながらあちこちのホテルを巡り歩き、他店との差別化を検討した結果――関西では当たり前だが関東にはなじみの少ない「1時間ショートタイム2500円」という激安価格で勝負をかけてみる事にした。

蓋を開けてみると、これが当たった。1時間ショートタイム目当ての常連客が何組もできたのだ。しかし喜びも束の間、激安価格を目的にやって来るお客さまというのは、所詮それなりの客だったのである。

金を払った分は元を取れ！　とばかりに浴槽のお湯は出しっぱなし。テレビやエアコンはつけっぱなし。備え付けのお茶やコーヒーも残らずお持ち帰り。持ち帰りのできないボトルシャンプーやトリートメントの中身まで持ち帰るお客さんもいてさすがに「おまえら、少しは遠慮してよ！」と言いたくなった。

都会には珍しいコテージの料金表。

1時間2500円――そこから人件費やリネン代を差し引くと働くのがバカバカしくなる程度の利益しか残らない。「薄利多売で儲けるぞ！」と言いだした私が真っ先にギブアップした。

2500円の格安部屋で繰り広げられるみみっちい攻防戦を知らない近隣他店は「安い部屋を目的に客が大勢来るらしい」という噂を聞きつけ、「よっしゃ、ウチも2500円でやったるで～！」と鼻息を荒くしていたが、二匹目のどじょうを狙ったまねっこホテルも予想だにしなかった客のタチの悪さに心がポッキーのように折れ、激安サービスからあっという間に撤退した。

2500円部屋は大失敗の例だが、多くのラブホが価格と利用時間に頭を悩ませている。ご存知だと思うが、ラブホの利用料金は24時間一律ではない。まず、時間帯での価格差がある。

早朝から夕方まで比較的客入りの少ない時間帯はお得な価格の「サービスタイム」に設定しているラブホは多い。たとえば、朝8時から16時までの8時間目一杯利用して4980円という具合である。もしくは朝8時から16時までの間で3時間以内の利用なら3980円というように更にお安く、お得なケースが多いのだ。

時間帯ではなく、部屋の設備や広さによって室料に差をつける場合もある。

客寄せのために安い部屋の料金を看板に掲げ、利用料金1980円～などと表示してあるラブホもあり、安い価格につられて入ってみるといつも入室中になっている。おそらくお客さんなど最初から入っていないのにホテル側で故意に入室中の表示にしているのだろう。つまり、1980円の部屋は最初から貸すつもりはないけど1980円より高い他の部屋ならいつでもどうぞ、という戦略なのである。

また、一昔前までは、朝8時から夜22時ごろまでの間に数時間のサービスタイムを設け、22時以降を宿泊とするホテルが多かった。この場合、22時以降に入室するとたとえ1時間の利用でも宿泊料金をしっかり取られていたのである。

しかし最近では「宿泊」という区切りを廃止して、「24時間いつでも自由に休憩できますよ」という設定のホテルが増えてきた。

休憩については呼び方もラブホによってそれぞれ違う。ショートタイム、ハーフタイム、変わったところでは2時間パック、朝寝坊タイム、ノータイム等々……説明がないと内容の把握が難しい呼び名もある。休憩時間は店ごとに違いはあるが、ほとんどは1時間～4時間といったところだ。

冒頭にも書いたが1時間休憩が多いのは関西地区である。

もちろん、関西以外にも1時間のサービスタイムはあるが、突出しているのが関西地区で、60分1500円、90分1500円均一などというお値打ち価格が見受けられる。中には「40分1000円均一」などという信じられない価格のラブホもあり、1000円という料金にも驚きだが、たった40分で何を一体どうするのだろうという興味も尽きない。

特殊な例として、1部屋だけ1分10円で提供していたラブホがある。

1分10円はイベントとして行っていたのであろうが、こういうのも非常におもしろい試みだと思う。

関西とは逆に、東北以北では休憩時間の設定が長いところが多い。

3時間、4時間の休憩は当たり前。中には5時間、10時間などの長時間設定もある。

休憩の使い道は様々だろうが、どうせお金を払うなら長時間ゆったりできるに越したことはない。

長時間と短時間。

あなたはどちらがお好みですか？

004

ラブホの収入源

ラブホテルは部屋の貸し出し料金が主たる収入源だが、軽食やアルコール類、大人のおもちゃなどでも利益を得ている。大人のおもちゃで利益を得ていると言っても、フロントにズラリと並べて販売しているわけではない。各部屋に『コンビニボックス』と呼ばれる自動販売機を設置しているのだ。

ボックスに入れるおもちゃは、アダルトグッズの販売業者から送られてくるカタログを見て仕入れるわけだが「部屋代よりも高い商品は売れにくい」という前知識をもらっていたので、販売価格が1000円～4000円位までの商品を入れている。

大人のおもちゃは儲かる。理由は簡単で仕入れ値が安いからだ。たとえば定番とされるローターの場合、一番安価なもので98円である。ローター1個の値段は自販機のジュースよりも安いのである。ラブホによっては98円で仕入れたものを1000円～2000円で売っている場合もある。バイブレーターはローターよりも若干高く、730円で仕入れて3000円で売るという感じだ。安く仕入れて高く売りたいと思うのは商売人として当然であるから、激安商品を探し回り、5倍～10倍の値段でお客さまに買っていただくわけである。

ただしあまりに安い商品は品質に問題があるのも事実で、98円のローターなどは1度きりの使い捨てとして使用するのが無難だろう。肌に優しいとされるシリコン系素材の商品もあるが、仕入額は優に1万円を超えてしまう。やはり、良いものは高いのだ。

大人のおもちゃとは少し違うが、各種コスチュームや下着関連の販売も大切な収入源である。少し前は萌えをイメージしたスカートやパンティや靴下などがよく売れた。真っ白いエプロンのメイドスタイルのコスチュームを5着仕入れたところ2ヶ月ほどで完売している。

コスプレの定番は、ナース、セーラー服、水着、制服、体操服、キャバドレス……私のホテルではレンタル用と販売用の2種類を置いている。レンタルを無料で行っているラブホもあるらしいが、うちでは1着1000円で貸し出している。ちなみに、販売価格は安いもので1900円。高くてもせいぜい5000円である。

ただ、1点だけ困っている事がある。大半がMのワンサイズなのだ。数年前からセーラー服やナース服のみ、Lサイズが出てきたのだが、下着に関してはいまだにMのみである。使用する方が少しばかりふくよかだった場合、ゴムが伸びきって痛いらしいのだ。そういうお客さまには「両側をヒモで結ぶタイプのものにしてはいかがですか？」と勧めている。しかし中には「ヒモは嫌い！」というこだわり派もいて、趣味嗜好は様々だなぁと思う。

ある日、1人の若い男性客が帰り際にフロントに来て言った。

「LLサイズのパンティが欲しいのです！」

「……はい？」

コンビニボックスの中身はローションや下着など。

男性がもう一度言った。

「LLサイズでお願いします!!」

お願いされても、うちで取り扱っている下着は女性用のMのワンサイズのみだ。それに下着の注文をするなら直接フロントへ来ないで、部屋から内線で注文していただきたい。男性から真面目な顔でパンティの話をされても困ってしまう。しかし、下手な対応をしてお客さまを怒らせてはいけないので一応仕入先に問い合わせてみることにした。

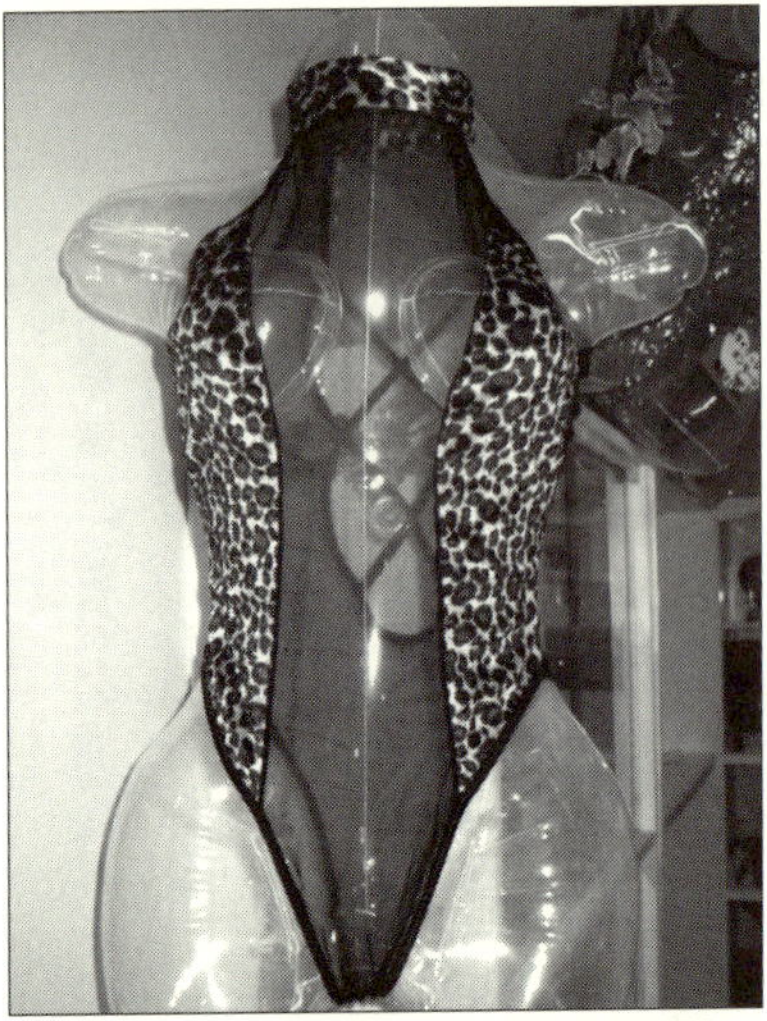

過激なコスプレの購入者はほとんどが中高年の男性。

返ってきた答えは「LLサイズの女性用ですか？　LLサイズは作ってないんですよ」である。あまりにも明確な答えに薄く笑ってしまったが、目の前で仁王立ちしている男性に「野郎が穿けるパンティなんかねぇよ！」などという直球の回答を伝えることはできない。しょうがないので、「申し訳ありません、LLサイズは作っていないそうですよ」と言っておいた。男性はその後もたびたび1人でやって来て「LLサイズのセーラー服はないのですか？」、時には控えめに「少し大きめのナース服はありますか？」などと訴えた。

彼は何を求めてラブホに来るのだろう。コスプレがしたいならコスプレ専門店かSMクラブへ行くべきではないだろうか……。趣味、嗜好は様々である。

最後に、ラブホの食事に関して言わせていただくとうちのラブホでは「あまり儲からない」というのが本音である。ホテルを利用するお客さまはあらかじめコンビニに寄って軽食や飲み物を購入して入室するケースが多く、事前に食事を済ませてからやって来るお客さまや、一旦入室した後で一時外出して食事に行くお客さまもいる。私自身を振り返ってみると、客としてラブホへ行っていた時はやはり事前に食料品を買い込んで行く事が多かった。

10円でも売上を増やしたい経営者としては認めたくないのだが、ラブホが提供している食事に対するお客さまの期待は薄いものと判断し、食事メニューをざっくりと減らして最小限のレトルト食品だけを提供することにした。

食事の売上はさっぱりだが、部屋に備え付けた酒類や清涼飲料類はよく売れた。

私のホテルではサービス品としてお茶、ジュース、コーヒーなど、いずれか2本を無料で冷蔵庫に入れているが、泊まりのお客さまはサービスで提供している飲み物とは別に大抵アルコールを注文してくれる。これは非常にありがたかった。

ここは思い切って酒飲みのリピート客を増やそうと知恵を絞り、焼酎のボトルキープをメニューに加えてみたがこれは大失敗。固定客は数えるほどしかいなかった。

飲食関係の売上は努力の割に効果が上がらない。しかし、アダルトグッズは置いておくだけで飲食の2倍は売り上げた。やはりアダルト関係は強いのである。

005 ラブホの管理システム

繁忙期を除き、私のホテルは基本的に朝、昼、夜、各1名ずつ、1日3人で勤務している。私が経営を始める前の勤務体制は、昼夜2人ずつ。合計4人で勤務をしていた。しかし売上に対して人件費の占める割合が大きいので、少数で営業できるように改善したのである。もちろん、改善といっても単なる人減らしでは意味がない。残った者の負担を減らし、作業効率をUPさせるために新たな設備投資をしたのだ。

まずお客さまの来店を知らせるためのセンサーをホテルの表門と裏門に設置した。センサーのチャイム音を変える事によりどこからお客さまが入ってきたのか分かるわけである。

お客さまはフロント前に設置された部屋写真の中から好きな空き部屋を選ぶ。選択ボタンを押すと部屋の鍵が解除され、お客さまが入室すると自動的にドアロックがかかる。退室する時はコインパーキングに設置してあるような室内型の自動精算機で支払いを済ませる。料金を精算するとドアロックが自動解除され、退室すると自動でドアロックがかかる仕組みである。

お客さまは入室から退室まで従業員と一度も顔を合わせることなくホテルを利用でき、従業員はフロント業務から解放され、食事等の配膳と掃除が主な仕事になる。

フロントで客と現金と鍵のやり取りをしていた時代は、フロントに1名、掃除と雑用で1名。最低2名が必要だった。しかし「自動精算機」と「集中管理システム」を導入したことにより1人勤務が可能になったのである。

自動精算機はセキュリティの甘さが難点。

事務所にある集中管理システムでは、金銭管理、お客さまの入室状況、清掃状況をチェックしている。

『金銭管理システム』は、お客さまが自動精算機に投入した入出金状況とつり銭の管理をしており、入出金の履歴や月ごとの集計もできる。

『入室状況管理システム』は、たとえば

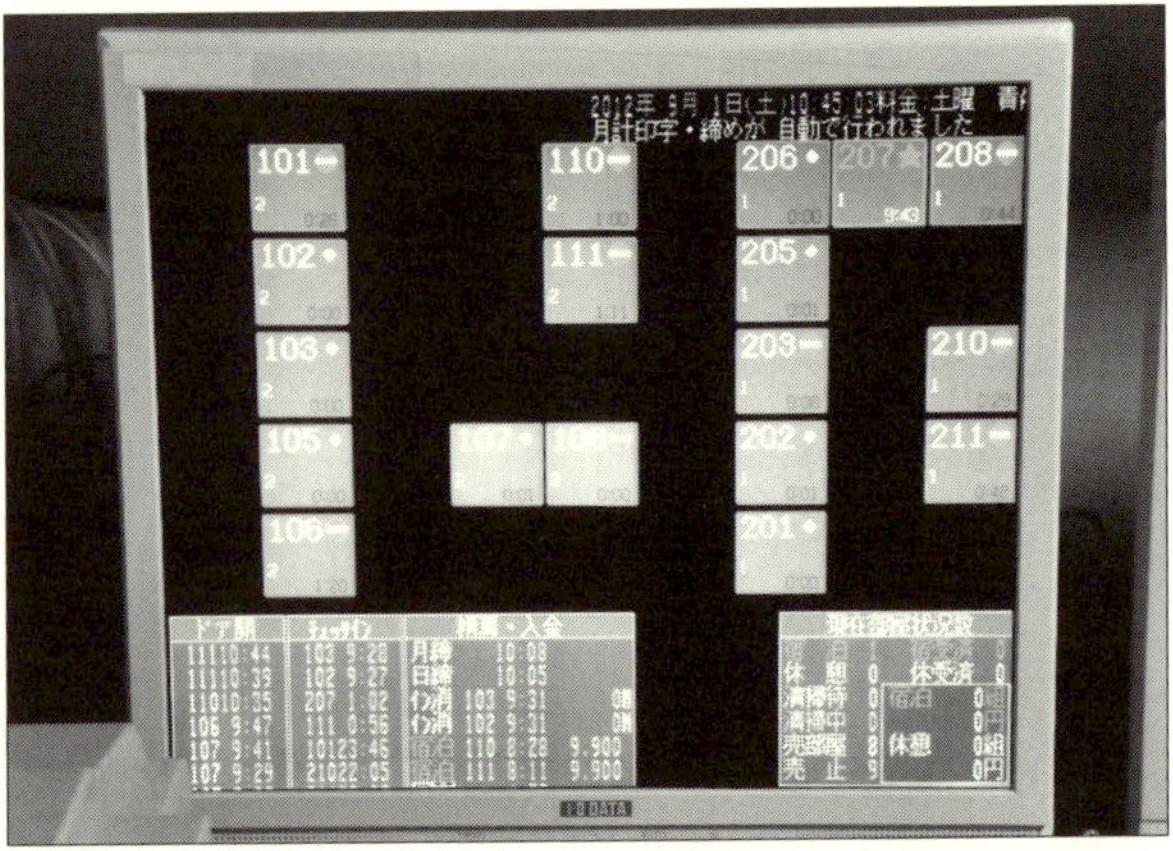

フロントのコンピューター。宿泊者数や売上が一目瞭然。

――○○号室のお客さまは○時○分に入室、コンビニボックスで○○円の商品を購入、現時点の請求金額は○○円――といった具合に、チェックインの時間からコンビニボックスの使用状況や有料冷蔵庫の使用状況が確認できる。

『清掃管理システム』では、入室中は「休憩」と表示され、精算時には「精算中」となり「只今、精算中です。清掃の準備をしましょう」と事務所へアナウンスされる。精算後には休憩表示が「清掃待ち」へ変わり、従業員が清掃を始めるためにドアを開けると「清掃中」と表示が変わる仕組みになっている。

集中管理システムはホテルにとってもお客さまにとっても非常に便利なのだが、注意すべき点がある。

自動精算機の中には常に「現金」が入っている。

通常はセキュリティが24時間かけられており、自動精算機の扉を開く場合はあらかじめセキュリティの解除が必要となる。

つり銭の補充などで、うっかりセキュリティの解除をせずに扉を開けてしまうと、大音響でブザーが鳴り響くと同時に、「警察へ通報します！」という警告が流れる仕組みだ。

東日本大震災の時――被災したラブホ関係者がホテルに戻ってみると自動精算機の扉がバールでこじ開けられ、中に入れておいた現金が盗まれていたという話を聞いた。停電するとセキュリティが無効になるという事を知っていた不届き者が持ち去ったのだろう。管理システムも万能ではないのだ――とはいえ、集中管理システムは人件費の節約になる優れものである事は間違いない。そしてこのシステムは非常に高価である。

ラブホは個人経営の零細企業が多いので、便利だからといって「はい、そうですか」と購入するわけにはいかない。その辺の事情は業者も心得ていて、リースか買い上げかを選ぶことができる。

どちらを選ぶか微妙なところだが、私は買い上げる方を選んだ。

システム導入にはまとまった資金が必要だが、長い目で見れば人件費が削減できると同時に、お客さまはもとより従業員の不正チェックも容易にできるのだから必要な投資だと思う。

「システムは立派だが、1人で何もかも対応できるのか？　フロントが無人で客室の対応ができるのか？」という声が聞こえてきそうである。

そのために従業員はシステム管理端末の『子機』と呼ばれる専用の携帯電話を常に持ち歩いている。子機は携帯電話と同様に、内外線の送受信はもちろん、「只今、○○号室からご注文が入りました。ビール2、カレー1」などといったオーダーや「○○号室、入退室しました」などの情報も受信することができる。子機を持ち歩いていれば事務所に待機せずとも迅速に対応できるのである。

以前清掃中にうっかり子機をトイレに水没させてしまい、新品に交換した事があるのだが、その時の請求額を見て驚いた。

新品の子機が1台5万7120円である。

そこに出張料、技術料などの経費が加算されて合計の請求額が7万2576円（消費税込み）だった。専門機器とはいえあまりに高額なので「私の携帯電話を子機の代わりに使えませんか？」と尋ねてみたが、業者の回答はもちろん「無理」である。機械本体の値段以上に、専門のシステムを使っているので技術代が高いのだという話である。

改めて、家電と違って専門機器ってお高いのねと認識した次第である。

006

ラブホの売上と諸経費

セックス産業は儲かるという安易な考えからラブホテルの経営に乗り出す人は多い。ご多分にもれず私もその１人なのだが、そんな私をあざ笑うかのように人生初の10円ハゲができたのは経営をスタートして４年目の頃だった。

ハゲの原因は、右肩上がりで推移してきた売上が２００８年９月のリーマンショックを境に一気に減少を始めたからである。

その年の年末年始は例年に見ないほど厳しい状況に陥り、出口の見えない長い長いトンネルに飛び込んだような暗い気分になった。それでも観光地の目玉である海に望みを託し、１年で１番売り上げる夏に一発逆転できないかと期待した。しかし私の期待とは裏腹に客の入りは前年に比べて１３３組の減少。

売上と客数の減少はその後も続いたが、２０１1年3月の東日本大震災以降は更に落ち込み、昨年の売上はついに１０００万を割り込んでしまった。地元のサーファー仲間の中には「震災以降、波が変わってしまった」という意見もあり、「プールには行くが、海には行かない」という声も聞こえてくる。

しかしラブホの全てが不景気かと言えばそういうわけでもない。私のホテルのようにジリ貧というケースもあれば、知人のホテルのように絶好調という羨ましいケースもある。

私のホテルが全18部屋で年間２１００万を稼いでいた頃、知人のホテルは全10部屋で年間２４００万も売り上げていた。

10部屋のホテルがなぜ18部屋のホテルの売上を上回るのか。色々と考えてみたが決定的だったのはやはり「立地条件」である。知人のラブホは都市部のラブホ街にあった。もちろん都会だから儲かるという単純な理由ではないだろうが、立地は売上を左右する大きな要因の1つなのは間違いない。しかし、他人を羨ましがっていても財布は膨らまない。お客さまが少ないなら少ないなりに、売上が少ないなら少ないなりに出費を減らす努力が必要である。実際に私のホテルの場合、客1組あたりの利益はいくらなのだろう。

1部屋3時間５５００円とした場合——人件費が1時間あたり８００円×3時間、リネン代５００円、アメニティ代１００円、光熱費１００円と計算して３１００円。５５００円から最低必要経費を引いた残り2400円が単純な儲けになる。

3時間で2400円儲かるなら悪くないじゃないか、と思う方もおられるだろうが、そんなうまい具合に話は運ばない。箱モノ商売には人件費や消耗品の他にけっして安くない「設備の維持管理費用」が必要なのだ。代表的なものの1つに電気設備の定期点検がある。定期点検のために支払う額は契約電力量によって違ってくるが、契約電力100KVAで月額1万円である。

他にも防火管理、電器点検、浄化槽の点検など、全てが有料である。そして点検の際には半日の休業を余儀なくされる。もちろん休業の間の補償はない。さらに、点検で不備が見つかれば、修理費なども必要になってくる。それらに加えて、マンネリ解消のために小さなリニューアル、家具類、装飾品の買い替えも定期的に行うとなると、出て行く時はごっそり出て行くが入ってくる金は減るばかりという日々である。

「休みが少ない」「給料が安い」「有休が取れない」「嫌な上司や同僚がいる」

OL時代は愚痴や文句を言いながらも毎月、生きていくために必要な最低限のお給料を会社からいただくことができた。

店舗を構えて商売することがいかに大変か。

自分が経営者になって、初めて思い知った次第である。

007 ラブホと風営法

２０１１年以前、既存のラブホは大抵『旅館業の届出』で営業していた。わかりやすく言うと、「保健所さん、今度旅館を始めるのでヨロシク」という届出である。

かくいう私はラブホの経営を始める時、旅館として保健所へ届ければ大丈夫だと思っていた。ラブホテルに『新法ホテル』と『4号ホテル』という区分があるという事を知ったのは、経営を開始した後からである。

新法ホテルとは保健所へ旅館業の届出を出して営業しているホテルを指す。つまり先ほどの「保健所さん、ヨロシク」という届出を出したホテルである。

4号ホテルとは警察へ風営法営業の届出を出しているラブホテルを指す。つまり「警察さま、こんどチンケなラブホテルを営業するのでお届けに参りましたぁ、へへぇ～」という届出をしたホテルである。

保健所と警察。届出の区分を分けている意味がよくわからないが、一般市民の感覚で言うと同じ届出を出すなら保健所の方が警察に比べて柔らかく受け止めてくれそうなイメージがある。

警察といえば「取り締まり」「罰金」「上から目線」「天下り」等など、どうにもお固くてイメージが悪い。できれば関わりたくない。関わりたくないから「新法ホテルの届出でいいのでは？」と安易に考えていたら2011年1月、風俗営業法が改正となり「今後ラブホとして継続営業するなら、改めて4号ホテルとして届けよ」というお上のお達しが出た。

何故、今頃になってお達しが出たのかというと「旅館ですよ～」と言いながら完成した物件は「やっぱりラブホでしたぁ、びっくりした？」というドッキリ的なケースが多いからである。経営者の立場で言わせてもらうと、ラブホの開業を風営法で届け出た場合「ラブホの禁止区域に建てると営業出来ませんよ」という制限に引っかかるケースがある。建築制限がある場所にラブホを建てたい場合は旅館として届け出て「ウチはラブホ的な香りのする旅館なんですよぉ」と偽るわけである。

「田園調布に家が建つ！」というギャグで笑いをとっていた漫才師がいたが、「ラブホ禁止区域にラブホが建つ！」という漫才のような経営者が続出したため世間は「わっはっは」ではなく「コノヤロー」と怒り、偽装ラブホテルは社会問題に発展したのである。
「ビジネスホテルが建つものとばかり思っていたのに、蓋を開けたらラブホテルが建ってしまった。子供の教育にも住環境的にもよろしくない！」

禁止区域にお住まいの住民の言い分はこんな感じだろう。

住民の反対運動、外観広告宣伝物等への取り締まりを強化する声が次第に大きくなり、これらの声を受けて２００９年３月、警察庁は偽装ラブホテルの規制強化を発表した。

そして２０１０年７月に風営法改正政令公布となり、２０１１年１月の改正政令施行に至ったわけである。

旧法における『ラブホテルに該当する施設の要件』の代表的な例を示しておく。

①回転ベッド、及びベッド周辺に大きな鏡（１㎡以上）を設置するとラブホテル
②アダルトグッズの自販機（コンビニボックス）を設置するとラブホテル
③客の性的好奇心に応ずるためにＳＭルームのような設備を設けるとラブホテル

法律改正後に新たに追加された代表的な要件は以下のとおりである。

①「宿泊」ではなく「休憩」の表示をしているとラブホテル
②玄関、駐車場の入口に目隠し等をしているとラブホテル
③客室選択パネルを設置して、従業員と会わずに入室できるのはラブホテル
④自動精算機を設置するとラブホテル

つまり、「あなたも、わたしもラブホテル」という具合に、新法の下ではほとんどのラブホテルが4号ホテルに該当することになったわけである。

新たに風営法営業の届出をして営業を継続する場合の届出期間は、2011年1月のわずか1ヶ月間のみである。1ヶ月という短い期間中に新たな届出を出せば、禁止区域内に建っている既存のラブホも既得権営業が可能になるというわけである。逆に言えば1ヶ月以内に届出を出さないと既得権を放棄することになる。

私のホテルも渋々届出を完了して継続営業することが可能になったわけだが、風俗営業法の届出をしたデメリットが無いわけではない。まず既存物件ということで今後、大規模なリニューアルが出来なくなった。次に風営法による届出営業、つまり「私はHな商売をしてますよ～」ということで金融機関での融資が受けにくくなったのである。その他にも何点かあるのだが、デメリット中のデメリットは「看板の撤去」である。

ホテルの敷地内に設置している宣伝看板の類はお咎め無しだったが、敷地外と商業区域外に設置してあった野立て看板や誘導看板はすべて撤去しなければならなくなった。

看板の撤去は立地に恵まれているラブホなら影響はないだろうが、裏通りのラブホや山の中にひっそりと建つラブホにとっては致命的である。

ほとんどのラブホから看板が撤去されたはずなのだが、なぜか堂々と看板が残されているラブホがある。これらはあらかじめ風営法による届出で営業していたラブホである。既存の風営法届出ホテルは商業地域外に看板が設置されていても問題なしである。

ラブホの中には法律改正後も風営法届出ではなく旅館業届出のまま営業を続けている「元ラブホ」もある。もちろんこの場合は新たに旅館として営業を続けるためにラブホ的な設備をすべて取り払う等の改装が必要となるだろう。

私が思うに、経営者は長期的な視野から風営法届出のホテルではなく、旅館として生き残る道を選んだのだろう。すべては経営者の物の考え方次第である。旅館として届けるか、風営法として届けるか。結局、どちらの選択が良かったのだろう。私自身の答えはいまだに出ていない。

008
ラブホの立地

ラブホの立地は大きく分けて「郊外型」と「都市型」がある。

郊外のインターチェンジ近辺には昔からラブホテルが多い。セックス産業独特の後ろめたさから車の利用者が多いこと、都心部と比べて広々とした駐車場を確保するのが容易であること、比較的安い土地が余っているという事などが理由かもしれない。

地方のインターチェンジの場合は、観光に出かけた帰りの道路の混み具合をラブホで調整したり、目的地に早く着きすぎたカップルがラブホで時間を潰したりという使い方ができる。今でこそ24時間営業のコンビニやファミリーレストランは当たり前だが、昔はそんな店など無かったため、24時間出入り自由のラブホが繁盛したのではないかと思われる。

ちなみに、うちのような観光地のホテルに来るお客さまには大きく分けて2パターンある。

まず日常的にラブホを利用する常連客でこれは純粋にHが目的。次いで旅行客。旅行と言っても様々で観光目的が一般的だが、出張で宿泊先として使うパターンや「親戚の家に遊びに来たのだが泊まる部屋が無いので利用する」というお客さまもいる。

今やラブホといえども下手な民宿に泊まるより設備が充実している。豊富なアメニティに広い風呂。薄っぺらな浴衣ではなく、柔らかいガウンにフワフワのバスタオル。しかもアダルト番組は見放題で宿泊料金が安いのだからお泊り先としては非常にお値打ちである。

一般宿の1人分（食事付）の宿泊費で、ラブホの場合は2人泊まることができるのだからラブホファンの観光客がいてもおかしくないだろう。食事はラブホでも安価で注文できるが、宿泊代を安く浮かせた分で地元の美味しいものを食べてもいいし、コンビニ弁当で十分だという人もいる。高速のインターチェンジ近辺に建つラブホはこうした一見さんが多いのではないだろうか。

立地といえば、呑み屋の多い歓楽街にはラブホが多数ある。呑んだ勢いでそのままラブホへなだれ込むとか、最終的にはラブホを目的に呑みに行くというケースであろう。

インターチェンジでも歓楽街でもない辺鄙な場所に2、3軒のラブホが建っているケースもある。こうしたラブホの多くは「H目的の常連さん」で賑わっている。常連はまっ先にお目当てのラブホを目指して行くわけだが、そこが満室だった場合は近隣のラブホに流れて行く。仮にそこも満室だったとしても隣にもラブホがあるという具合で結果的にどこかに収まることができる。

素人目でみれば「こんな所にラブホが何軒も建ってて大丈夫？」と思うのかもしれないが、経営者側からすればお互いに「あぶれて流れてきた客」をつかむことができるので乱立状態はありがたいのである。僻地のラブホでも2、3軒密集している場合はお客さまを無駄なく拾う事ができるので経営的に有利だが、1軒だけポツリと孤立しているラブホの場合はどうだろう。

正直に言って、条件的にはかなり厳しいのだが、野中の一軒家的なラブホがすべてジリ貧かと言えばそうでもない。

ある観光地に1軒だけ建っているラブホがあるのだが、このホテルは平日の昼間から満室状態なのだ。偵察に行って「なるほど」と気づいたことが2点。このホテルには、室内に洗濯乾燥機が完備されていた。旅先で洗濯できるのは便利である。深読みした言い方になってしまうが「昼間浮気している主婦にも好評なのでは」とも考えてしまう。たかが洗濯乾燥機だがこれも他店との立派な差別化である。

もう1点特筆すべきは、このホテルでは一般家庭ではお目にかかれないような豪華な浴室を設置していた。出入り業者さんに聞いたのだが「浴室が豪華だと、たとえ1000円ぐらい他より高くても客は納得する」ということである。このホテルでは大きな二枚貝をイメージした特注の貝の浴槽を設置し、さらに水質にまでこだわっていた。天然温泉である。

ラブホにやって来るお客さんの多くは普段の生活にはない空間を求めている。風呂という心身ともに開放できる場所に大枚を払うことは苦にならないという事なのだろう。

ちなみに私のホテルはラブホ街でも、インター付近でもなく、僻地の観光地にポツリと1軒だけ建っている。設備も内外装も古いわりに値段が高いので売上的にかなり厳しい状況である。売りがないのが当店の売りという開き直りで営業しているが、最後に一言だけ言わせていただきたい。

「誰か助けてくれ〜」

5号室 ラブホテルにまつわる怖い話

001

ラブホにまつわる怖い話

高速道路のとあるインターチェンジを降りた所にラブホ街がある。その中の1軒に地中海風の白く瀟洒なラブホテルがあるのだが、遠くから見ると綺麗に見える建物も近づくにつれて白い壁は薄汚く、ガラスは割れ、草木や雑草で敷地の境界線すら容易に判別しがたい荒れた状態で放置されている事がわかる。事情通に聞いてみるとこのホテルは廃墟になって既に数年が経過しているらしい。

ある時、宿泊客の死亡事故がきっかけでお客さんが来なくなりオーナーが夜逃げをしてしまった。その後、新たな買い手がつき、建物を取り壊して建て替え工事を進めていたが完成を待たずしてオーナーが事故で急死した。すぐさま別の買い手がついたが、この買主も新規オープンを見ることなく急死したらしい。そうしてこのラブホはオーナー不在のまま野ざらしになってしまった。

呪いや幽霊が本当に存在するのか私にはわからないが、ラブホに限らず、人が集まる所には怖い話や不思議な話が集まってくる。

私自身の体験である。ラブホの経営を始める前、私は都心のひなびたラブホに1人で泊まった事がある。普段ならラブホに1人で泊まらないがその日は所用で遅くなり、他にビジネスホテルの空きが見つからなかったためにやむを得ず宿泊したのである。

そのラブホのフロントは暗く重たい雰囲気が漂っていた。しかもフロントにいた女性は70歳を過ぎているのではと思える白髪のお婆さんである。清掃係の老人というのならわかるのだが、お婆さんがラブホのフロント係というのは何とも不気味である。

部屋へ入ると、薄暗い照明、赤いベッド、赤い絨毯、赤いカーテン……豪華というよりも、まるで血の色のような赤にますます気分が沈んできた。

重苦しい雰囲気を少しでも和らげるためにテレビをつけ、部屋の明かりを全部点灯させ、ベッド脇に置かれた鏡が気持ち悪いのでタオルで覆いをしてから眠りについた。

何時頃だったのだろう。

今となっては定かでないが、怖い夢を見ていたような気がする。胸の上を強く押される感触とともに、「こんな感じかい？」という声が聞こえた気がして目が覚めた。

寝ぼけ頭で「……そういえばテレビをつけっぱなしだったなぁ」と、起き上がった時、目の前に先ほどフロントにいた老婆の頭が浮かんでいた。

「ぎゃーっ」

叫んで部屋から飛び出した。転びそうになりながらフロントへ駆け込むと、「どうしました？」と中年の女性が出てきた。

「もう1人の女性は？　お婆さんは？」

「ここにはお婆さんなんていませんが、なにか？」

私は逃げるようにラブホを後にした。

そのラブホには2度と行っていない。

お婆さんといえば、私のホテルには小梅（仮名）という名の困ったアルバイト老人がいる。ラブホには幽霊話や自殺話が結構転がっているので、マイナスイメージが広まらないようにバイトには口を酸っぱくして言っている。

「冗談でもうちのラブホの怖い話は外でしないでください」

しかし、どこの職場にも心霊大好き、怖い話大好き人間がいる。うちのホテルの場合はこの小梅ばあさんがオカルト大好き人間なのだ。

小梅ばあさんは面接の電話をかけてきた時に、「年齢はおいくつですか？」という私の質問に「よくわからない」と答えた。この時点で妖怪である。

履歴書で年齢の確認はできたが、「老人には優しくしましょう」という間違った道徳観で小梅ばあさんを採用したのが運の尽きだ。

「お客が少ないのはオーナーの努力不足じゃありません。霊の仕業です！」

小梅ばあさんは勤務初日から爆弾発言をした。

彼女は異次元の世界や霊界の本を日頃から読みあさっているらしく、あちら側の世界の話を始めると仕事そっちのけで止まらなくなるのである。

「あそこに誰かが座っている」

「あたしには見える」

時には何もない空間を見つめながら「あなたは誰？」と言い出す始末。

小梅ばあさんの戯言を本気で受け止めるバイトはいないが、妙な噂話をあちこちで吹聴されたら叶わない。一度きっちり「オカルト話禁止令」を出さなければならないと思っていた矢先、駅前で偶然に小梅ばあさんと出くわした。

「ちょうどよかった、時間があったらお茶でも飲みませんか？」

私の誘いに小梅ばあさんが言った。

「あなたは誰ですか？」

出た。小梅ばあさん得意の奇行、戯言である。ついに私の事まで忘れたのだろうか。

「悪い冗談はやめてくださいよ～」

小梅ばあさんの肩を叩きながら言ってみたが反応が薄い。目の前の小梅ばあさんはいつもの小梅ばあさんではなく、豆のような寄生生物に身体を乗っ取られた小梅ばあさんの抜け殻というか、何か異質な生物のように感じられた。

「あら、オーナー！」

ふいに私の背後から声がした。その声の主こそ小梅ばあさん本人だった。思わぬ双子オチに「聞いてないよ～」と叫びたくなったが、「双子の婆さんとは珍しい」と妙な感心をしてしまった。

この後2人から心霊話をイヤと言うほど聞かされた。姿かたちだけでなく趣味まで同じ「心霊」という2人の話を聞きながら、私は心の中で「祟りじゃ」とつぶやいた。

002

放置事件

リニューアルオープンして間もない頃の話である。

24時間ぶっ通し勤務をしていた時、他府県ナンバーの車に乗った客が深夜２時頃やって来た。

「真夜中だし、このままお泊りのパターンだよね」

連続勤務で肉体的にも精神的にも限界を迎えていた私は「すぐには退室しないでしょ」と考え、ソファーに座ったまま寝込んでしまった。

何時間意識を失っていたのだろう。

「只今、精算中です」というアナウンスの声に起こされて時計を見ると早朝５時である。

「げげっ！　ひょっとしてまる一日意識を失っていたの⁉」

一瞬青ざめたが、日付を見てみると爆睡してから3時間ほどしか過ぎていなかったのである。ホッと一安心。

「意外に早いお帰りね……」

寝ぼけ頭で部屋の掃除に向かった。

ドアを開けると、玄関に一足の女物の靴が置いてある。

「失礼しましたァ～」

あわててドアを閉めたが冷静に考えてみると、お客さまは先ほど精算して退室したはずだ。車もすでに無い。

恐る恐るドアを開けてもう一度確認すると、やはり1組の靴が置いてある。

「もしも～し」

声をかけてみたが中から返事はない。内ドアのガラス越しに覗いてみると、ぼんやりとスタンドの明かりだけが灯っているのが見えた。

「お邪魔しますよ～」

中を覗いてみると衝撃が走った。

全裸の女性がベッドに横たわっていたのだ。

眠気が一気に吹き飛んだ。

「事件発生か！」

以前、大手のチェーンホテルで働いている友人に聞いた話である。

チェックアウトの時間が過ぎても精算に来ないお客さまがいた。内線を入れたが電話に出ないので確認に行ったのだが、室内にお客さまの姿が見当たらない。おかしいなと思いながら浴室の扉を開けようとして異変に気がついた。

扉が開かないのである。

何度も押したり引いたりしているうちに隙間が出来たので中を覗いてみると、中年のおじさんが扉に寄りかかるようにして全裸で倒れていた。

救急車を呼んだがすでに心筋梗塞で亡くなっていた。

このホテルでは病死以外にも、自殺、時には高層階からの飛び降りなどがあるという。

ホテルにまつわる怖い話は聞いていたが、まさか私のホテルで事故が起こるとは思わなかった。しかもリニューアル早々の出来事である。こういう場合、まず何をどうすればいいのだろう。

とりあえず110番と119番に電話をしなければなるまい。しかし、派手にサイレンを鳴らしてパトカーや救急車が殺到したらご近所から何を言われるかわかったもんじゃない。

パトカーと救急車には「できるだけ静かに、できればサイレンは鳴らさずに来てください」とお願いするしかあるまい。しかし小さな田舎町である。遅かれ早かれ「事故のあったホテル」という事はわかってしまうだろう。妙な噂が流れると閉店に追い込まれる可能性もある。何とか事件が公にならずに済む方法はないだろうか。

とりあえず警察に電話をする前に、もう一度、自分自身の目で「本当に死んでいるのか」確認しなければなるまい。

「……あの～、もしもし」

恐る恐る女性に声をかけてみた。もちろん、返事はない。

もう一度、声をかけてみた。

「お客さん！」

やはり反応がない。

三度目の正直ということで、最後のダメ押しで大きな声をかけてみた。

「おい、こらぁっ!!」

すると、かすかなうめき声が聞こえた。

「い、生きてるッ」

大きな安堵感と脱力感。しかし、お客さまに向かって「おい、こら」はないよねと反省。

胸を撫で下ろすと同時に私自身の狼狽ぶりを悟られないように事務的な口調で言った。

「お連れ様が退室したので掃除に入ったのですが……大丈夫ですか？　すぐお帰りになりますか？」

女性が寝ぼけ声で言った。

「は……い、すぐ帰り……ます」

事務所に戻って監視カメラで見ていると、女性はタクシーに乗ってひとり淋しく帰って行った。ホッとした後で再び猛烈な眠気に襲われた事は言うまでもない。

後日、野田さんにその話をすると「そりゃ飲み屋でナンパされて、そのままポイされちゃったパターンだね」と笑いながら言っていた。

まったく、人騒がせな女である。

003

無事、生還す

本館のリニューアルに続いてコテージもリニューアルし、全部のドアが自動ロックになった。自動ロックは非常に便利なのだが、私自身はこのシステムになかなか慣れなかった。

そんなある日、私が1人で店番をしていた時の話である。

コテージの空き部屋の点検を1つ1つ終わらせて最後の1部屋のドアを開けた時、「いらっしゃいませ」とアナウンスが流れた。

「しまった、忘れてた!」

部屋に入る時に自動ロックを解除していなかったので、自分自身がお客さまになってしまったのである。

「まぁ最後1部屋だけだし、後で料金の修正をしておけばいいや」

のんきに構えて、何も考えずに扉を閉めてから気がついた。

「閉じ込められた！」

あわててドアノブを回してみたがビクともしない。

「どうしよぅ……」

冷たい汗が背中を上から下に落ちていく。今、ホテルには私１人しかいない。脱出するための方法を考えたが、焦れば焦るほど名案どころか冷汗しか出てこない。閉ざされた空間の中、時計の秒針が進む音がやけに大きく聞こえる。呼吸困難になるほどの息苦しさを感じて私は窓を開けた。

外から入ってくるひんやりした風が心地いい。

この窓から脱出できないだろうかと思ったが、コテージの窓は外から頑丈な格子状の木枠で固定されていて、枠ごと窓を破壊しない限り外に出ることはできない。浴室の窓もトイレの窓も同様に木枠がはめられている。ダメもとで木枠を押してみたものの、ピクリともしない。「誰かタスケテー」との叫びに、「アホー」とカラスが遠くで鳴いた。

「落ち着け……何かあるはずよ」

ポケットの業務用子機に気が付いたが誰の電話番号も思いつかなかった。日頃から自分以外の携帯番号を覚えている人がいるだろうか？　思いつく番号は１１９番と１１０番である。

「そうだ、今は緊急時なのだ」

警察に電話して窓越しに事務所の鍵を渡し、ロック解除の方法を教えて救出してもらおうかと思ったが、この失態を世間にさらすことになるのは耐えられない。

しかし、交代のバイトが来るまであと数時間ある。こういうときに限って普段は来もしない、大勢のお客さまが来たらどうしようと焦りは募るばかりだ。ここでお金を持っていれば精算機で精算して出ることも出来る。しかし財布は事務所の中である。

窓からの脱出がほぼ不可能と判断した私は入り口ドアに戻り、苦し紛れにドアを何度かガチャガチャと揺さぶってみた。しかし、意味のない行為にため息が出ただけである。

半べそ状態でふとドアの上方に目を向けてみると、何やらくっついている事に気がついた。そこに付いていたのは直径5センチほどの透明のカバー。「一体これはなんぞや？」と、老眼気味の目で確認すると、カバーの中に非常脱出用の鍵があるではないか！

「たっ…助かった」

カバーを外して鍵を開ければ外に出られるのは一目瞭然。早速、透明カバーをはずそうとしたのだが意外と頑丈に作られていてなかなか外れない。よく見るとカバーに小さな文字で何か書いてある。目を凝らして見ると『緊急の場合はカバーを壊して鍵を開けてください』と書いてある。

「そうか、壊せばいいのね」

　カバーを壊すモノが何かないだろうか。部屋中を見回してみる。備え付けの灰皿はガラス製だから割れる危険性がある。ポットはヘコむと困るし、買い替えには少々お高い。サービス用の缶ジュースではちょっと小さすぎて危険。シャンプーのボトルではお話にならない。改めて部屋の中を見ても、使えそうな硬いモノなど何も無いではないか。一旦、諦めかけ深呼吸し、再びドアに目をやると玄関に置かれた消火器が燦然《さんぜん》と光輝いている。灯台下暗しとはよく言ったものだ。

「これだ！」

　私は消火器を振り上げて鍵のカバーに叩きつけた。カバーの表面は粉々に壊れ、その中から現れた鍵で脱出成功！　閉じ込めから約30分後、私はめでたく外界へと開放されたのだ。

　ちなみに、壊した透明カバーは、直径5センチほどの大きさにもかかわらず1個2500円。

　その後も3回ほど閉じ込められ、そのたびに2500円のカバーを購入いたしました。

004 破壊者、現る

ある夏の日の話である。

コテージで精算を済ませたお客さんの車が、駐車場で大きな物音をたてながらロケットのような勢いで飛び出して行った。

モニターで一部始終を監視しながら「なにをそんなに慌てているの」と思ったが、退室した部屋に入ってその理由がわかった。

部屋中が水浸しになっていたのだ。

コテージの客室と浴室の段差はわずか3センチほどしかない。客は浴槽に勢い良く湯を出したまま眠ってしまったのだろう。溢れ出るお湯が排水溝にはけきれず客室にまで流れてしまったのだ。

異変に気付いたお客さまがバスタオルで拭き取ろうとしたようだがタオルの1枚や2枚で拭き取れる量ではなかった。絨毯からベッド周りまで水びたしになってパニックを起こしたお客さまが逃げる時にコテージの外壁に車をぶつけて大破させたのである。

事務所にまで聞こえてきた大きな物音は、客がコテージに当て逃げした音だったのだ。

被害を確認すると、外壁には大きな亀裂が入り、電気ケーブルをまとめている小さなボックスが粉々に破壊されていた。

こういう場合は落ち着いてきちんと話をすれば案外丸く収まるものだが、トンズラされてしまってはしょうがない。被害金額が大きかったので警察に証拠のビデオと被害届を提出しておいた。

コテージを破壊して逃げたお客さまも含めて、乱暴狼藉者は身も心も開放的になる夏に多く出没する。

ある日の深夜、コテージに『徒歩』で入ってきた若いカップルがいた。

車なら車番を控えているので何かあった場合は犯人を割り出して被害金額を請求することができるのだが、徒歩でやって来た渡り鳥という事になるとそうはいかない。

渡り鳥のカップルは翌日のチェックアウト時間になっても退室する気配をみせず、サービスタイムに突入しても更に延長して利用し続けた。

嫌な予感がして事務所の管理モニターをチェックするとコンビニボックスのほとんどの商品を購入している。こういう買い方をするお客さまは危険である。そしてやはり事件は起こった。

2人は部屋代を精算しないまま、コテージから煙のようにトンズラしたのだ。

いったいどのような手口でロックのかかった部屋から逃げ出す事ができたのか。

部屋の確認をすると、外から頑丈に補強されている窓が内側から枠ごと破壊されていた。彼らは枠に打ち付けられている網戸ごと引きちぎって逃げようとしたらしいが、木の枠を素手で破壊するのは無理だと判断したのだろう。あらかじめ持ち込んでいたなにかしらの道具を使用して窓枠を破壊し、部屋代1万3400円とコンビニボックスの商品代金7300円を踏み倒して逃走したのである。

徒歩で入室したために身元の調べようもなく、一応、警察に被害届を出しては見たが、いまだに犯人逮捕の一報は届かない。

破壊といえば、備え付けのテレビのリモコンとリモコン受信部が粉々にされていたり、壁に掛けていた絵画や花瓶に入れた造花が床に放り投げられていたり、室内の鏡に拳で殴りつけたようなひび割れが入っていた事もある。

ベテランの野田さんいわく――お客さんの中には「盗撮されているのでは？」という疑心暗鬼の妄想人がいて、とりあえず室内の備品を「確認」というのか「破壊」して帰るケースがあるのだという。

ビジネスホテルに勤務している友人から聞いた話だが、お客さんの中には有料テレビのボックスを「盗撮器具」と勘違いして本気でクレームを入れてくる人もいるという。

クレームなら黙って聞き流せばいいだけの話なのだが、破壊行為だけは絶対にやめてほしい。この場を借りてお願いいたします。

005

老人パワー

ある日、白髪に白ひげをたくわえた老人がフロントにやって来て言った。

「ここにいるんだよ！」

「何がいるんですか？」

私の質問に老人は空き部屋のパネルを指さしながら言った。

「友人がここにいるんだ！」

しかし生憎この日も我がホテルは閑古鳥が「かぁ」と鳴いており、入室中の部屋はまだ1部屋もなかった。

「何かの間違いではありませんか？」

私の言葉を聞いて、老人が興奮気味に言った。

「ここだ、ここにいるんだ！」

「今日はまだ誰も来てませんよ」

私の言葉が終わらぬうちに、老人は1階の廊下から2階の廊下へ階段を駆け上がった。慌てて後を追った私に向かって老人は叫んだ。

「この部屋にいる〜ッ！」

ある部屋の前で突然立ち止まると、ドアを指さして大きな声を出した。

「ほら、あんたも声が聞こえるだろう？」

老人の言葉に耳をすませたが何も聞こえない。

老人を納得させるべく、その部屋のドアを開けて見たが誰も居ない。

しかし私は知っている。

この部屋はちょいと訳ありの部屋なのだ。以前、自殺未遂が出た部屋なのである。

事情を知らないパートさんから「無人のはずなのにTVがついていた」「へんな音が聞こえる」「人の気配がする」などと、よくわからないが何だか怖い部屋だという声があり、「このじいさん、ひょっとして何かが見えているのかも？」と鳥肌がたった。

「いる〜っ、そこにいるぅ〜！」

奇声を発する老人を「迷惑だから帰って！」とホテルから追い出したが、追い出して30分もしないうちに再び老人がやって来た。しかもよく見ると右手には木刀というお土産付きである。

警察に電話して木刀老人を引き取ってもらったが、後で話を聞くとその老人は隣町の徘徊老人だった。

ある日、初めて見る老人のカップルが入室した。

2人は大量のビールや酒を次々に注文し、コンビニボックスの購入ボタンを片っ端から押した。

「この買い方はおかしい」

警戒していると内線がかかってきた。

「連れの女性の具合が悪くなったので帰りたい」

「お帰りになるなら、先に精算してください」

「金はない」

部屋へ行くと女性の具合が本当に悪そうである。

119番に電話するのはいいが、金も払わずに救急車に乗ってトンズラされたら堪らない。

「とりあえず、先に精算してください」

再度お願いしたが「金はない！」と老人は言い張る。

免許証を取り上げてから119番に電話し、「後日、必ず支払いに来る」旨の約束を取り付けた。

もちろん、老人が払いに来ることはなかった。

無駄だと思ったが、自宅宛に免許証のコピーと請求書を同封して送りつけてみたがなしのつぶてである。どうしたもんかと事務所で免許証を睨んでいると、パートの1人が免許証の写真を見て「この人知ってる」と言い出した。

「うちの病院じゃ、有名人ですよ」

そのパートさんはホテル以外にも病院の清掃バイトを掛け持ちしており、写真の老人は病院では有名な「ナンパ老人」だという。老人がホテルに連れ込んだ女性は、「たぶん、同じ病院に通うご婦人じゃないかしら」と言う事だった。

病院でナンパするのも凄いけど、ついて行くご婦人も凄い。

006 コンビニボックス泥棒

フロントでうとうとしていると、管理モニターから『精算中』のアナウンスが流れてきた。時刻を確認すると深夜3時過ぎである。寝ぼけ眼をこすりながらモニター画面を見ていると精算中だった表示が『宿泊中』に戻った。これはよくあることで、支払い代金を確認するために精算ボタンを押すお客さまや、チェックアウトしようと思ったが思い直して延長するお客さまがいるのである。

ちなみに、精算ボタンを押しても料金を支払わなければ数分後には宿泊中に表示が戻るので問題はない。今回もその後、2時間ほどしてお客さまは部屋代を精算して帰って行った。

部屋の掃除に入ってみると、何かいつもと違う感じがした。

注意深く辺りを見回してみると、コンビニボックスの商品が全て無くなっているではないか。

ボックスを壊して中身を持ち逃げしたのかと思ったのだが、商品取り出し窓が開放されている状態にもかかわらず、課金されずに中身だけが抜き取られていたのである。

通常、コンビニボックスは商品の取り出しボタンを押して窓を開くと管理モニターに『商品購入』と表示され、代金が室料に加算される仕組みになっている。コンビニボックス泥棒は部屋代だけを精算し、商品代金を払わずに退室した。一体どのような手口でコンピュータに課金されずに商品だけを抜き取ったのだろうか。

業者に確認の電話を入れてみると、「コンビニボックスの業者として働いていた人間がセキュリティ解除のキーを持ったまま辞めて、それを悪用したのではないですか？」という回答だった。

業者の言うとおり不正に入手したキー操作による商品の抜き取りもあるだろう。しかし私はもっと他に手口があるのではないかと思った。

調べてみると、やはり簡単なやり方が存在した。

マネをする方が現れると困るので詳しいことは書けないが、セキュリティーの盲点を突いた、とても簡単かつ原始的な方法で管理モニターにもコンビニボックスにも痕跡を残すこと無く中身を取り出す方法があったのだ。

どこでこういう情報が流れるのかわからないが、何事にも万事「裏ワザ」が存在するという事である。

商品が持ち去られた後日の話である。

盗まれた商品の中に、当ホテルオリジナルの『5000円券』という金券があった。この金券はコンビニボックス用に導入したもので、販売価格は5000円である。この金券を使えば、通常宿泊料金5500円の部屋を500円引きの5000円で利用できるのである。金券は導入して日も浅く、盗まれたと同時に全て撤収していたので盗難されたのは1枚だけだった。

ある夜、チャラチャラした1組のカップルがフロントにやってきた。日焼け顔にニヤニヤ笑いを浮かべた若い男は「あの～、これ使えますかぁ～」と、5000円の金券を差し出してきた。

初めて見る顔なので、男は泥棒本人ではないだろう。しかし彼が手にしている金券は間違いなく盗まれた1枚だ。つまり、目の前にいる男は泥棒と何らかのつながりがある人物ということになる。

私は爆発しそうになる気持ちを抑えながら男に尋ねてみた。

「お客さま、この金券はどうされました?」

「ここで買ったんスよ」

「泥棒からですか？」という言葉を飲み込んで「その金券は期限切れで使えません！」と反論を許さない強い口調で答えた。

もちろん金券に使用期限などないのだが、そんなものは何とでも言えるしどうでもいい。ただならぬ気配を感じた男は「……マジすか」とつぶやいて逃げるように帰って行った。彼が盗難品をいくらで買い取ったのかは知らないが、そんなのは私には関係ない。盗人猛々しいとはこの事である。

コンビニボックス泥棒の一件は警察に被害届を出しているが、犯人が捕まったという話はいまだに聞こえてこない。

007
バスタオルの女

2ヶ月に1度ぐらいの頻度で現れる不思議なカップルがいた。

初めの頃は2人の発する不思議オーラに全く気づかなかった。単純に「恥ずかしがりやの女性なんだなぁ」と思っていたのである。

白いカローラに乗って現れる男は40代のヒゲ面ガッチリ系。女性はTシャツにジーンズというラフな格好をした年齢不詳である。なぜ年齢不詳かと言うと、彼女はいつも顔を隠すためにバスタオルを頭から被っているのだ。

「ラブホに来るのが恥ずかしいなら、サングラスをすればいいのにね」

バイトの面々と話したものである。

「有名人がお忍びで来てるのかもしれないよ」

野田さんの一言が私の好奇心に火をつけた。

いつか素顔を見てみたい。人は隠せば隠すほど知りたくなる生き物なのだ。

見たい、見たい……見せろ！

私の心の悪魔が目覚めつつあった。

その日も不思議カップルがやって来た。

「おいおい、いつまでもバスタオルで隠してるんじゃないわよ」

私の心の悪魔が呟いた。

その日も彼女のガードは堅かった。助手席から降りた彼女はタオルで顔を包むようにしながらコテージへ入室した。

「ちっ」

舌打ちする悪魔。

今日も彼女の素顔を見ることは出来なかった。しかし1つだけ収穫がある。私はタオルで隠し切れない部分を見たのだ。彼女の足である。いつもはジーンズの彼女だが、今日は珍しく膝までのハーフパンツだったのだ。膝から下はスラリと伸びた健康的で美しい脚……という私の想像をよそに、か細い脚というよりも何やら枯れ木のように痩せこけて油気のない脚に見えた。そして足元は花柄のビーチサンダルではなく、薄汚れたゴムゾーリ。イメージしている女性とは、若干違う感覚である。すぐにでも彼女の顔を見たい衝動に駆られたが「慌てる乞食は貰いが少ない」と言うではないか。

「見えぬなら、脱ぐまで待とうホトトギス」

　私はおとなしく待つことを選んだ。

　そして——ついに運命の日はやってきた。2人がやって来る時間は午後1時過ぎに決まっている。狙いを定めて監視カメラをズームして待っていると、私というハンターの前に2匹の獲物がやって来た。

「バスタオルよしっ！　足元よしっ!!」

　指差呼称で全身をくまなくチェック。

「神よ、我に力を！」

　いつもは鼻もひっかけない神だが、今日の神はいつもとはデキが違った。突風で彼女のバスタオルが天高く、神の元へと舞い上がったのである。

　彼女の手を離れるバスタオル。あわててバスタオルを追いかけるオヤジ。

「オヤジぃ⁉」

なんと彼女は男だった。しかも爺さんである。白髪頭の爺さんが慌てふためきながらバスタオルを追っている姿を見て、私の心のモヤモヤは吹き飛び、心の悪魔は「キモい」と呻いて姿を消した。

２人が老人とマッチョのホモカップルだと判明した日から、ホモ部屋の清掃は非常に気が重くなった。２人が来る時間と帰る時間はほぼ決まっている。それはつまり清掃する人が毎回同じということだ。私である。

ホモ部屋に必ず残されているホモゴミがある。コンドームとローション、バイブ、栄養ドリンク２本、そして「私たちはホモじゃありません」という誤魔化しの為に捨てていく無料の風俗雑誌である。

ホモ部屋で注意すべきはタオル類である。

特にバスタオルは毎回再起不能になるぐらい汚されており、ホモ部屋のリネン回収にはゾンビウィルスと同程度の注意が必要と御触れを出した。しかも洗面所には毎回ミントの香りが濃く充満しており、ツンとしたあの匂いを嗅ぐたびに「ホモが使っている不快な匂い」として心の奥の奥深くまでトラウマとして刻み込まれてしまったのである。

ある日ホモ部屋の横を通った時に、ミント臭に混じって浴室から甘ったるい声が聞こえてきた。

「またぁ～、そんなこと言ってぇ～」

以前バイトさんがマッチョホモと駐車場で立ち話をした事がある。バイトさん曰く「彼は筋肉質のガッチリ系だけど、見た目と違ってすごく優しいしゃべり方で驚いちゃった」

考えたくないが肉体派の方が女役なのかもしれない。

白髪爺さんの意のままにされるガタイのいい男。想像しただけで、脳細胞が140億個死んだ気がした。

その日も1人でお店番をしていると、ホモ2人組がバスタオルで正体を隠しながら入室した。

「ばかやろー、なんだって私のいる時ばっかり来るんのよ！」

神のみぞ知る己の運命を呪いながら清掃のためにホモ部屋へ入るとTVが点けっぱなしになっていた。

「ふざけるんじゃないわよ、電気代払え！」

悪態をつきながらTVを消し、ミント臭の充満する洗面所で作業していると、ふいに背後から「……なかったか」という声がした。

ＴＶは消したはずである。冷たい汗が全身からどっと吹き出した。

恐る恐る振り返るとそこには、怪しい研究に一生を費やし世間から変人と呼ばれている博士のような白髪の爺さんが立っていた。

「連れのケータイが落ちてなかったか？」

爺さんの言い方は「私は女性には興味はありませんが、だからといってホモでもありませんし」というぐらい微妙なトーンだった。

「え〜、彼女のケータイですかぁ？　無かったですよ〜」

私は掛け布団をバサバサと大げさに振ってみせた。

「彼氏」ではなく「彼女」という部分を軽くスルーした爺さんは「うむ、やはり無いか」と言いながら部屋を出て行った。

いつもは遠くから眺めていた爺さんだったが、至近距離で見てみるといかにもフンドシ姿が似合いそうな細マッチョでキリリとした男である。

「やはり爺さんが男役だったか」

無意識のうちに両手で尻をガッチリとガードしていた自分に気がついて「でへへ」と笑うと、遠くの方から「女には興味ない」という爺さんの声が聞こえたような気がした。

あとがき

『女性経営者が語る　ラブホテルのぶっちゃけ話』はタイトル通り、ラブホテルの女性経営者「まお」さんの体験談をぼく「阪井すみお」が聞き書きして1冊にまとめたものである。

ここでまおさんとぼくの事について少しだけ触れておこうと思う。

まおさんとぼくは休日にロングボードで波乗りを楽しんでいるサーフィン仲間である。彼女の本業はラブホテルの女性経営者、ぼくは会社員の傍ら裏モノ系を中心に文章を書いているフリーのライター。まおさんは独身、ぼくは妻帯者。まおさんは地球人の女性、ぼくも地球人の男性といったところである。それじゃよくわからない？　そう、実はぼくも彼女のことがよくわからない。彼女は謎多き女性であり、ぼくにとって峰不二子のような存在なのである。

ある日、謎の女、まおさんが言った。

「ラブホテルのネタがいっぱいあるから、阪井さんと共同で本を出せないかなぁ」

危ないよ、危険だよ……。

不二子の誘いは危険である。ルパンもそれで痛い思いをするのだ。

実はぼくの元には「一緒に組みませんか?」という共同出版希望者が時々現れる。そういう話は結構有難いのだが、「企画書か作品をお持ちですか?」と尋ねると「実はまだ何も書いていないのです」と言う方が少なくない。であるから、まおさんの申し出にも嫌〜な予感を抱きつつ「企画書か作品を見せてください」と言ってみた。

返ってきた答えは「え〜、まだ1ページも書いていないよ〜、うっふっふ」である。

「それじゃ、話にならないね」

「うっふっふっふ」

普通はこのまま話が流れて終わりなのだが、後日、まおさんはウンザリするほど膨大な量の原稿をぼくの元に送りつけ、共著という形で出版される運びになった。この本がまおさんにとって記念すべき1冊目であるのはもちろん、ぼく自身にとってもパチンコ以外で初めて書いた1冊になる。本書を書く機会を与えてくれた彩図社のみなさまには心から感謝している。

最後にいつも応援してくれる読者のみなさま、ブログを読んでくださるみなさま、この本を手に取ってくださったみなさまにも現ナマ100兆円分の幸あらんことをお祈り申し上げげます。

工藤江里菜『かぼちゃコロッケ』を聴きながら　2012年12月某日

阪井　すみお

著者紹介
阪井 すみお（さかい・すみお）
北海道出身。アニメーター、ビル管理、パチンコ店員などの職業を経た後、『パチンコ裏物語』（彩図社）を出版。現在、会社員の傍ら、裏モノ系を中心としたライターとして活動中。好きな言葉は「かめを返してください！」
ブログ：http://ameblo.jp/sakai-sumio/

まお
東京都出身。短大卒業後、デザイン会社勤務を経て、某業界新聞の営業＆記者となる。
サラリーマン人生の傍ら「毎日、波乗りがしたい」という夢を抑えがたく、海の近くのラブホテル・オーナーへと転身を果たすも厳しい現実に打ちのめされる日々。
心の癒しは「海の香りと波の音」。ロングボードを心から愛する熱き血潮の40代女子。

女性経営者が明かす

ラブホテルのぶっちゃけ話

平成25年2月20日 第1刷

著　者　阪井すみお／まお

発行人　山田有司

発行所　株式会社　彩図社
東京都豊島区南大塚3-29-9
中野ビル　〒170-0005
TEL:03-5985-8213　FAX:03-5985-8224
http://www.saiz.co.jp
http://saiz.co.jp/k（モバイルサイト）→
郵便振替　00100-9-722068

イラスト　梅脇かおり

印刷所　新灯印刷株式会社

　ISBN978-4-88392-902-3 C0195